圖解伊斯蘭世界

池上彰
Akira Ikegami
李璦祺——譯

池上彰が読む「イスラム」世界

知らないと恥をかく世界の大問題 学べる図解版

前言

時常聽到伊斯蘭武裝組織的報導
並不代表伊斯蘭教是危險宗教

二〇一四年六月，出現一則令人意外的新聞——伊斯蘭武裝組織「ISIS」（Islamic State of Iraq and al-Sham：伊拉克與敘利亞的伊斯蘭國）正在伊拉克大舉擴張勢力。

這個組織由激進的伊斯蘭遜尼教派成員組成，目的是要在中東地區建立一個奉行伊斯蘭基本教義的國家。在伊拉克，有遜尼派和什葉派的居民，因為掌握政權的馬里奇（Nouri al-Maliki）政府在政治上偏袒什葉派，造成遜尼派居民反彈，進而支持同為遜尼派的ISIS。ISIS原本只是伊拉克境內名為「伊拉克的伊斯蘭國」的少數派系，鄰國敘利亞陷入內戰後，他們就立刻將組織改名為「伊拉克與敘利亞的伊斯蘭國」，趁機潛入敘利亞。他們攻入當地反政府組織控制的區域，搶奪武器與

本書架構

第1章到第5章探討關於伊斯蘭的種種主題。除此之外，還準備了幾篇介紹伊斯蘭世界的專欄。

每一節會以簡潔的標題，舉出伊斯蘭世界中最耐人尋味的主題，其中包含來自讀者的疑問。

正文中，以腳註補充說明的詞彙，會標上底色。

資金，再回到伊拉克（現在ISIS自稱「伊斯蘭國」）當初，他們是隸屬於國際恐怖組織蓋達（Al-Qaeda）的團體，但因為連蓋達都難以接受他們「逆我者一律殺無赦」的殘暴作風，而被逐出組織。

為什麼這種激進份子會日益增加？遜尼派和什葉派又有什麼不同？本書不只談時勢，還將為大家解開這些最基本的疑惑。

目前，全球約有十六億伊斯蘭教徒，這些人的存在絕對不容忽視。多數伊斯蘭教徒愛好和平，真正危險的反而是「伊斯蘭教＝危險宗教」的想法。因為伊斯蘭教徒的增加，使得伊斯蘭金融愈來愈熱絡，同時，滿足伊斯蘭教徒飲食需求的「清真驗證（Halal Certification）」，也日漸受到矚目。此刻，我們更該進一步了解伊斯蘭世界。

二〇一四年六月

新聞記者暨東京工業大學教授　池上彰

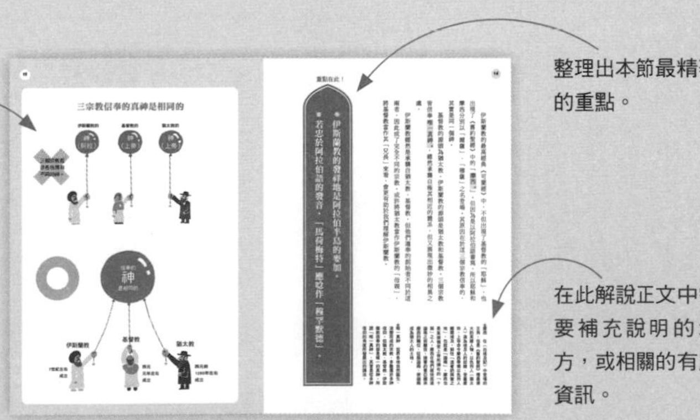

整理出本節最精華的重點。

以搭配圖解、插圖、照片的解說方式，整理出重要資訊，讓讀者對該主題的內容與前因後果一目了然。

在此解說正文中需要補充說明的地方，或相關的有用資訊。

※本書是將角川SSC新書《不知道會出糗的國際大問題》系列大幅修改、重新編排而成。

目次

第4章 現代伊斯蘭所面臨的問題

第5章 與伊斯蘭世界打交道

Column

書腰的採訪照片
左上照片提供＝東京電視台《池上彰的特別報導節目》
右上照片提供＝今村健志朗／JICA
P4右上、P5左下
照片提供＝東京電視台《池上彰的特別報導節目》

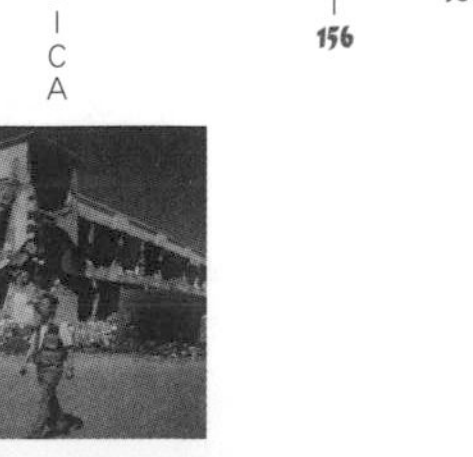

世界各地的伊斯蘭

所謂的「伊斯蘭世界」是指哪裡？
讓我們先透過世界地圖來確認所在位置吧。
習得地緣政治學上的知識，能改變我們看世界的方式。
同時，也了解一下世界大國最近的動向。

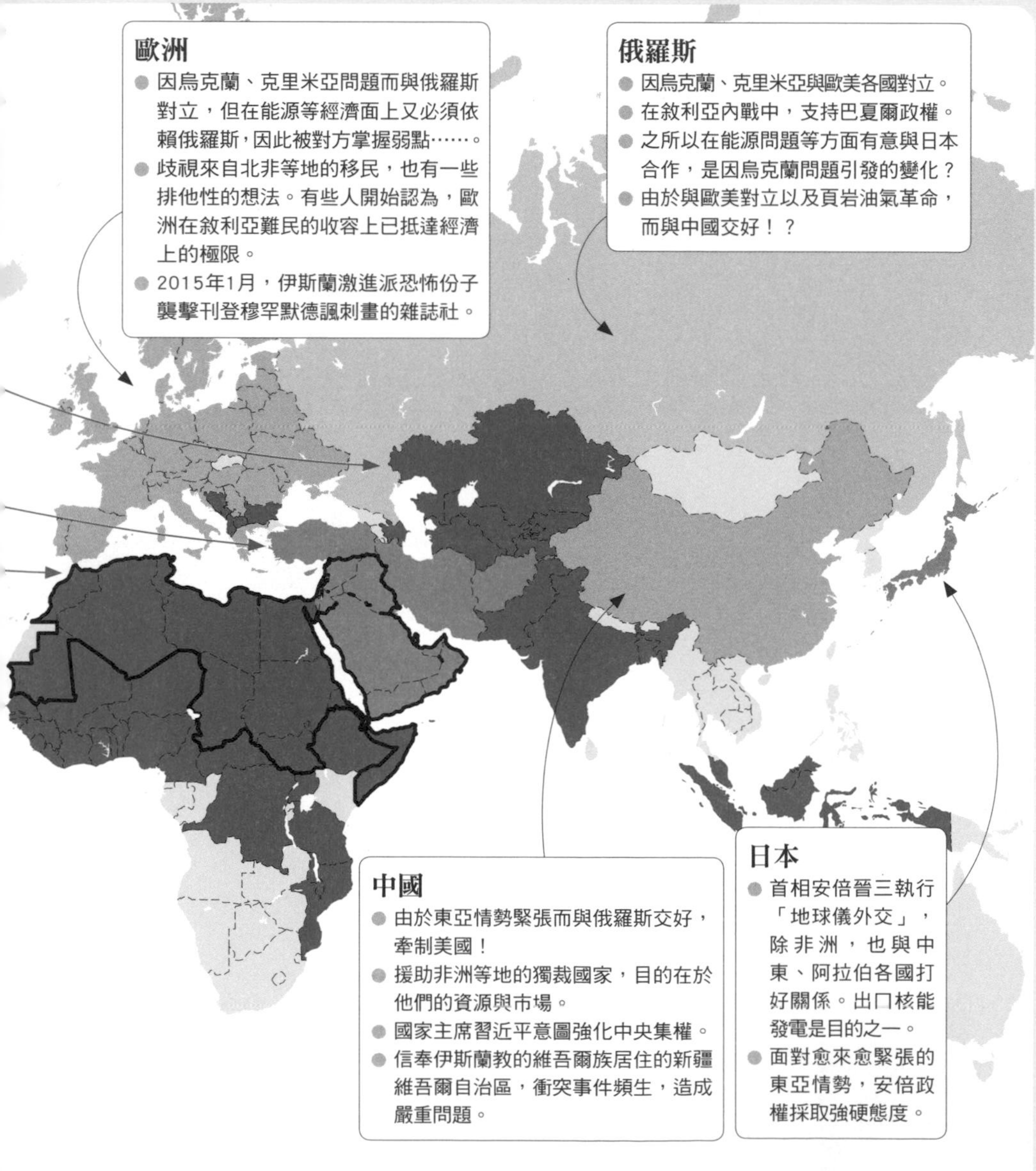

歐洲

- 因烏克蘭、克里米亞問題而與俄羅斯對立，但在能源等經濟面上又必須依賴俄羅斯，因此被對方掌握弱點……。
- 歧視來自北非等地的移民，也有一些排他性的想法。有些人開始認為，歐洲在敘利亞難民的收容上已抵達經濟上的極限。
- 2015年1月，伊斯蘭激進派恐怖份子襲擊刊登穆罕默德諷刺畫的雜誌社。

俄羅斯

- 因烏克蘭、克里米亞與歐美各國對立。
- 在敘利亞內戰中，支持巴夏爾政權。
- 之所以在能源問題等方面有意與日本合作，是因烏克蘭問題引發的變化？
- 由於與歐美對立以及頁岩油氣革命，而與中國交好！？

中國

- 由於東亞情勢緊張而與俄羅斯交好，牽制美國！
- 援助非洲等地的獨裁國家，目的在於他們的資源與市場。
- 國家主席習近平意圖強化中央集權。
- 信奉伊斯蘭教的維吾爾族居住的新疆維吾爾自治區，衝突事件頻生，造成嚴重問題。

日本

- 首相安倍晉三執行「地球儀外交」，除非洲，也與中東、阿拉伯各國打好關係。出口核能發電是目的之一。
- 面對愈來愈緊張的東亞情勢，安倍政權採取強硬態度。

※編注：地球儀外交，指一國政要出使多國的外交策略。不但能強化國與國間的關係，更能像「俯瞰地球儀」一樣俯瞰世界，是安倍於2013年演說時所述的外交基本方針。

□的部分
阿拉伯各國
主要是指人民多為使用阿拉伯語的阿拉伯民族的國家（伊朗是波斯民族的國家，因此不包含伊朗，也不包含土耳其等國）。

■的部分
中東
這個名稱出現於英國稱霸全球的時代。因為從英國的角度來看，此地屬於不近不遠、約莫居中的東方。後來這個名稱普及全球，成為一個固定稱呼。順帶一提，日本所在的東方為最遠端，稱為極東。

■■的部分
伊斯蘭世界
指全球各地的伊斯蘭教國家（不只位於中東，廣泛分布於世界各地）。

美國
- 歐巴馬總統進入第二任期後，成了跛腳鴨？對烏克蘭、東亞都採取軟弱的外交政策，有受俄羅斯壓制之感。
- 歐巴馬想透過改善與伊朗、古巴的關係，為自己留下政績！？
- 因國內問題忙得喘不過氣，無法再擔任世界警察的角色？頁岩油氣革命也加速使美國對中東失去興趣。

有關中東的問題
- 內戰愈演愈烈的敘利亞，雖在俄羅斯的調停下，倖免於歐美的軍事介入，但烏克蘭的情勢又點燃了新衝突。
- 美國和伊朗交好，使中東的權力制衡關係陷入大亂？要注意的是以色列和沙烏地阿拉伯的動向！
- 阿拉伯之春後，嚴酷的夏日來臨。軍事政權捲土重來，持續處於動盪之中的埃及，接下來將會如何？
- 以色列在巴勒斯坦自治區中設置屯墾區的舉措仍在持續進行！雙方對立衝突不斷升高。巴勒斯坦問題還見不到走向和解的契機。
- 2014年6月，「ISIS」在伊拉克的活動愈演愈烈，並宣布成立伊斯蘭國（IS）。因遜尼派與什葉派的對立、庫德族問題等，原本中東情勢已十分混亂，卻又產生新的衝突，還將伊朗、土耳其以及美國都捲入其中！

哪些國家擁有眾多伊斯蘭教徒？

看過前頁的地圖，大家應該都能理解伊斯蘭世界的位置了。
那麼，擁有眾多伊斯蘭教徒的國家有哪些？
大家可能會把目光集中在中東國家，但實際調查卻會發現，有些出乎意料的國家信仰伊斯蘭教的人口眾多。

※Pew Research Center's Forum on Religion & Public Life所做的世界各國伊斯蘭教徒人口推算。

伊斯蘭教徒的人口

占全球人口的
4分之1左右

（約16億人）

伊斯蘭教徒最多的地方，
不是伊斯蘭發祥地的中東，
而是**亞洲**。

最大的伊斯蘭國家是**印尼**，
國內約有2億人口是伊斯蘭教徒。
其次依序是巴基斯坦、印度、孟加拉。

此處想請大家留意的是人口大國中的伊斯蘭教徒。就算伊斯蘭教徒在全國人口中占的比例不高，只要分母的人口夠多，就表示信徒的數量也不容小覷。**像在俄羅斯等國，計算信徒的人數是以千萬人為單位**。平常容易漏看的地方，其實正是重點所在。

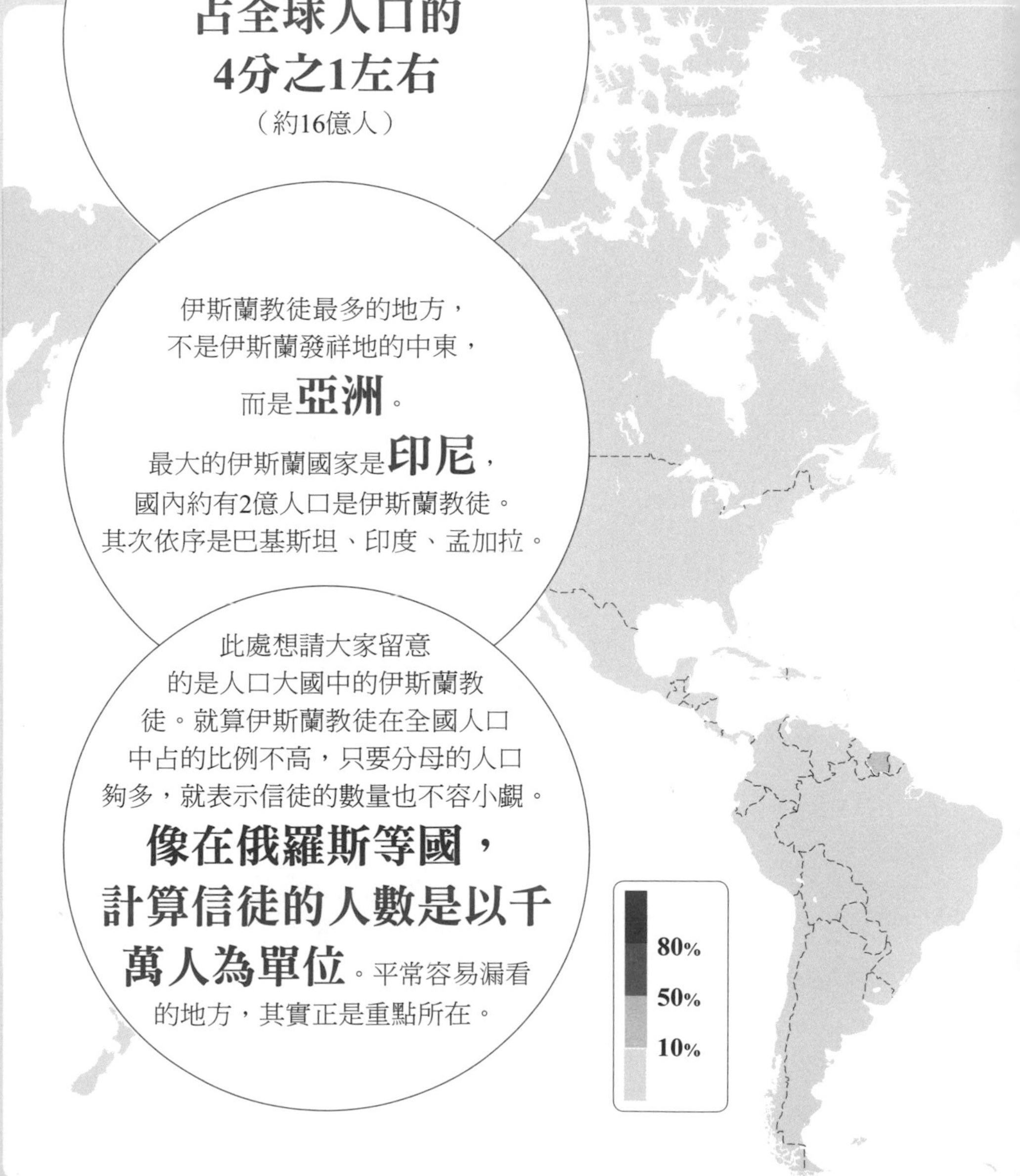

80%
50%
10%

巴勒斯坦自治區中存在著「希伯崙」猶太人街？

以色列境內設有「巴勒斯坦自治區」，是阿拉伯人生活的區域。

除此之外，以色列在以色列和巴勒斯坦自治區之間，修築著一道綿延不絕的高牆。他們修築這道牆的說法為「為了防止恐怖份子入侵，才在這裡築牆阻隔」。

不只如此，以色列還開始在巴勒斯坦自治區中，設立猶太人居住的屯墾區。巴勒斯坦自治區中存在著猶太人的屯墾區，換言之，成了「俄羅斯娃娃」般的結構。以色列的行徑被視為「進一步搶奪更多巴勒斯坦的土地」，已成了一項國際問題。

「希伯崙」位於巴勒斯坦自治區的約旦河西岸地區，現在這裡住著許多猶太人。

約17萬的阿拉伯人居住在希伯崙，猶太人則是約800人。

人聲鼎沸的市場裡，出現了異樣的光景。

站在道路上抬頭一看，便會看見頭上架設著鐵絲網，鐵絲網上滿是空瓶、空罐等垃圾。這是因為猶太人會從上方扔垃圾下來，鐵絲網是阿拉伯人為了自保而架設的。垃圾凌亂不堪，甚至能看到大石頭在其中。

猶太人居住的上層住宅，插著以色列的國旗。彷彿在宣示：「這裡是以色列的土地。」

這裡不是依地區，而是以樓層區分猶太人和阿拉伯人，猶太人住在上方的樓層，阿拉伯人則住在下方的樓層。

樓房的頂樓有拿著自動步槍的以色列士兵在巡邏，而他們的工作當然是保護居住在此處的猶太屯墾者。

另一方面，居住在此的阿拉伯人卻無法離開自治區，連想去聖地耶路撒冷都不被允許。

巴勒斯坦自治區裡，原本商店林立的熱鬧街道，在猶太人屯墾區設立後，一間間鐵門深鎖。四處可見有人在牆上掛著招牌，上頭或寫「這塊土地被以色列偷走了」，或寫「這塊土地被阿拉伯人偷走了」。這般光景令人感受到的是，兩個相互對立的宗教與民族，至今仍在仇恨中漫無止境地輪迴著。

亞伯拉罕是猶太教、基督教（譯注：這裡的基督教包含天主教、新教、東方正教。）與伊斯蘭教三教的共通先祖，其墳地就在希伯崙。但此地包括禮拜堂的各種建築內部，都被分割成兩個區塊，一邊是巴勒斯坦區，一邊是以色列區。

左／亞伯拉罕清真寺（麥比拉洞）被視為猶太教、基督教、伊斯蘭教的祖先亞伯拉罕之墓的所在之地。
下／不斷築起的分隔牆，將以色列與巴勒斯坦加以阻隔。

第1章

何謂伊斯蘭教？

不了解伊斯蘭教，就無法了解伊斯蘭世界。

猶太教、基督教、伊斯蘭教三教信仰的神其實是相同的

七世紀時，伊斯蘭教在阿拉伯半島上誕生。最好能事先了解「猶太教」「基督教」與「伊斯蘭教」之間、剪不斷理還亂的關係。

伊斯蘭★教是西元七世紀前葉，穆罕默德創立的宗教。

學生時代，我在日本所學到的是「伊斯蘭教的創始人是馬荷梅特（Mahomet）」教科書上也是這麼寫的。不知各位讀者學到的是哪一種？近來，日本已將「馬荷梅特」改稱為「穆罕默德」。

且讓我從「馬荷梅特和穆罕默德是同一個人」開始說起。

西元五七〇年，穆罕默德・本・阿布杜拉・本（Mu ammad ibn Abd Allah ibn）出生於阿拉伯半島的麥加（現在是沙烏地阿拉伯的城市）。

穆罕默德在「英語」中被發音為「馬荷梅特」，這個名稱又傳到日本，

★伊斯蘭　阿拉伯語的發音音近「伊斯蘭姆」，有「順服」、「歸依」之意。伊斯蘭教徒的代稱「穆斯林」，則有「真神的順服者」之意。

於是日本人就一直使用「馬荷梅特」這個名字。

然而，儘量忠實呈現原文在當地的發音是現今的潮流，因此「馬荷梅特」就變成穆罕默德了。

相同地，「伊斯蘭」在當地的發音音近「伊斯蘭姆」，所以現在日本的教科書也統一採用後者。但日本的媒體至今仍沿用「伊斯蘭」一詞。另外，《可蘭經》若忠實於阿拉伯語的發音，就應稱為《古蘭經》。

本書將依照一般媒體的稱呼，採用「伊斯蘭」、「可蘭經」的說法。

對伊斯蘭教而言，猶太教是「母親」，基督教是「兄長」

順帶一提，穆罕默德的出生之地「麥加」，應該唸作「馬卡」（全稱是Makkah Al-Mukarramah，中譯為「麥加・穆卡拉瑪」）日本人經常使用「○○的麥加」來比喻某個地方是○○的聖地，但麥加指的正是伊斯蘭教的聖地麥加，所以像是「基督教的麥加」、「佛教的麥加」這一類的說法，其實是很詭異的。

有鑑於此，日本媒體現在已不再使用「○○的麥加」這種說法。

自從二○○一年九月十一日，在美國的紐約等多處發生恐怖攻擊事件後，伊斯蘭教就常常帶給人「激進宗教」的印象，但事實絕非如此。

位於埃及開羅的清真寺。

伊斯蘭教的最高經典《可蘭經》中，不但出現了基督教的「耶穌」，也出現了《舊約聖經》中的「摩西★」。但因為是以阿拉伯語書寫，所以耶穌和摩西分別以「爾薩」、「穆薩」之名登場。其原因在於這三個宗教信奉的，其實是同一個神。

基督教的源頭為猶太教。伊斯蘭教的源頭是猶太教和基督教。三個宗教皆信奉唯一真神★，雖然承襲自極其相近的體系，但又展現出微妙的相異之處。

伊斯蘭教雖然是承襲自猶太教、基督教，但他們遵奉的創始者不同於這兩者，因此成了完全不同的宗教。或許將猶太教當作伊斯蘭教的「母親」，將基督教當作其「兄長」來看，會更有助於我們理解伊斯蘭教。

★摩西　在〈出埃及記〉中登場的主角，也是《舊約聖經》裡最偉大的英雄人物。以色列人（猶太人）淪為埃及人的奴隸，受盡虐待，上帝命令摩西帶領以色列人離開埃及，前往「流著奶與蜜之地」，也就是「迦南」。摩西也是直接領受上帝所頒布的「十誡」之人。摩西在他們就快抵達迦南之前離世，接著約書亞繼承摩西的職位，征服迦南，使迦南成為猶太人的土地。

★唯一真神　世界各地自然誕生、演變而成的宗教，多數屬於多神信仰，但猶太教、基督教、伊斯蘭教信奉的卻是唯一的真神。所謂「唯一真神」，其實是從多神信仰的角度所發展出的講法。

重點在此！

✸伊斯蘭教的發祥地是阿拉伯半島的麥加。

✸若忠於阿拉伯語的發音，「馬荷梅特」應唸作「穆罕默德」。

三宗教信奉的真神是相同的

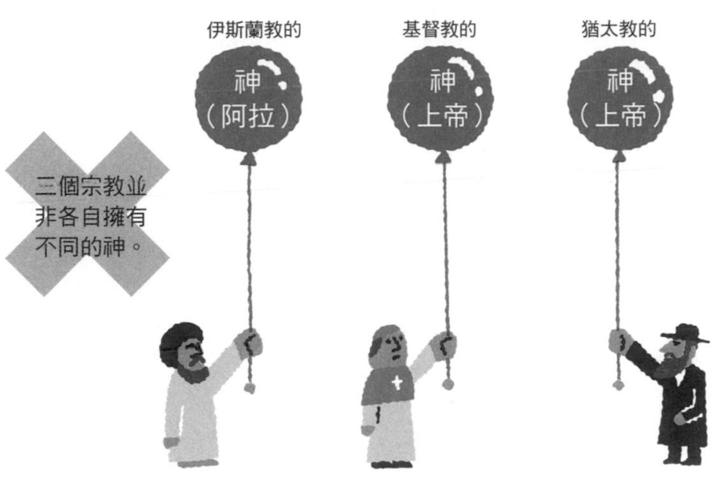

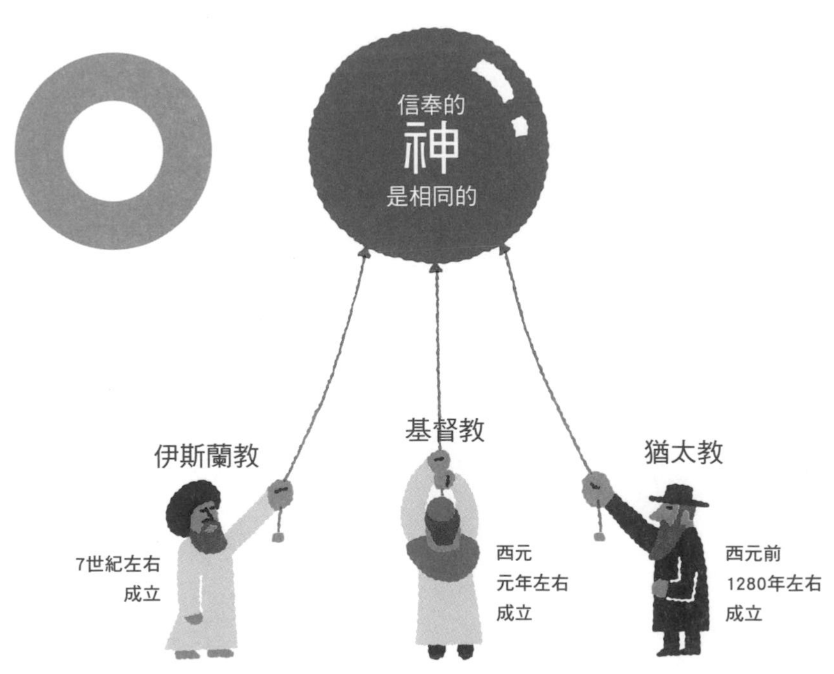

伊斯蘭教的根源是猶太教

所謂猶太教，是猶太人信奉的宗教。猶太人，則指「猶太母親所生，或正式改信猶太教的人」。上帝庇護猶太人同時，也令他們須遵守和上帝的契約。

和基督教相較之下，伊斯蘭教更近似於猶太教。

猶太教是在西元前十三至前十二世紀，誕生於今日以色列一帶的地區，歷史遠比伊斯蘭教悠久。

信奉猶太教的人群，稱為「猶太人」。猶太教的主要經典是《律法書》，基督徒稱之為《舊約聖經》。

猶太教是如何產生的？

根據記載，當時以色列人民因飢荒移居埃及，當在埃及的猶太人愈來愈多時，埃及人就開始捕捉猶太人為奴。上帝見此，便揀選「摩西」作為猶太人的先知，帶領猶太人回到上帝的應許之地「迦南（Canaan）★」。生活在水

★迦南　古代地名，大致是指現在的黎巴嫩南部到以色列一帶。有時也會稱之為「巴勒斯坦」。這裡是猶太人的應許之地，因為上帝向猶太人的祖先亞伯拉罕承諾，要將迦南地賜予其後代，而猶太人也曾在這裡建立起盛極一時的王國。

深火熱中的以色列人民，在摩西的率領之下，逃出了埃及（出埃及）。當埃及士兵追趕在後時，摩西將手裡拿的杖伸向紅海，於是紅海一分為二，讓以色列人民成功渡海脫困。這段故事相當著名。

以色列人民在回到迦南地的途中，摩西說：「我要去領受神的誡命。」說完，便上了西奈山。摩西在這裡領受到的，就是上帝耶和華授予的「十誡」，也就是十項律法。

具體內容包括「除了我（耶和華）以外，你不可以有別的神（＝一神信仰）」、「不可為自己雕刻偶像（禁止偶像崇拜）」等等（參照19頁）。

伊斯蘭教繼承了猶太教的嚴格律法

後來，猶太人在現今耶路撒冷所在的土地上建立王國。最盛期的國王是大衛王★和所羅門王★。

所羅門王死後，猶太人的王國被巴比倫所滅，大批人民被俘擄到巴比倫，再度成為奴隸（巴比倫之囚〔Babylonian captivity〕）。猶太教就是在這種民族性的苦難中所誕生的宗教。這個宗教有著上帝選民的觀念，認為上帝「只拯救猶太人」，只要堅忍不拔地熬過苦難，彌賽亞（救世主）就會在末日來臨時出現，只有猶太人能獲救。

★大衛王　以色列王國的建國者，以色列的第二代國王。以色列人進入迦南後，發生了戰亂，此時他以一名牧羊少年之姿登場。他在迎戰最大的敵人哥利亞時砍下其首級，凱旋榮歸耶路撒冷。他帶領以色列王國走向極盛期。

★所羅門王　以色列王國的第三代國王。他讓大衛王時期的榮景變得更加穩健，並從事國外貿易，享盡繁榮興旺，並在首都耶路撒冷的錫安山上，建立第一座猶太聖殿。

對猶太人而言，聖經是他們與上帝的契約，也是他們的心靈寄託。他們的想法是：只要遵守契約，上帝就會保護猶太人。

猶太教的戒律十分嚴格，除了十誡之外，《律法書》中還有六百一十三條誡律。光是飲食方面，就有豬肉不能吃，海中生物也只能吃有魚鱗的魚，所以禁止食用蝦蟹的規定。過去，信仰猶太教的人認為鰻魚不可食用，但最近聽說在鰻魚身上發現了魚鱗……。

伊斯蘭教也繼承了像這樣的繁瑣戒律。

耶穌基督曾是一名猶太教徒。但他後來批判「只拯救猶太人」的猶太教，並成為率先發起改革運動的人。

埃及西奈山的朝聖。

重點在此！

✷《舊約聖經》就是猶太教的《律法書》。

✷猶太教的想法是，只要遵守戒律，上帝就會保護猶太民族。

猶太教的教義與歷史

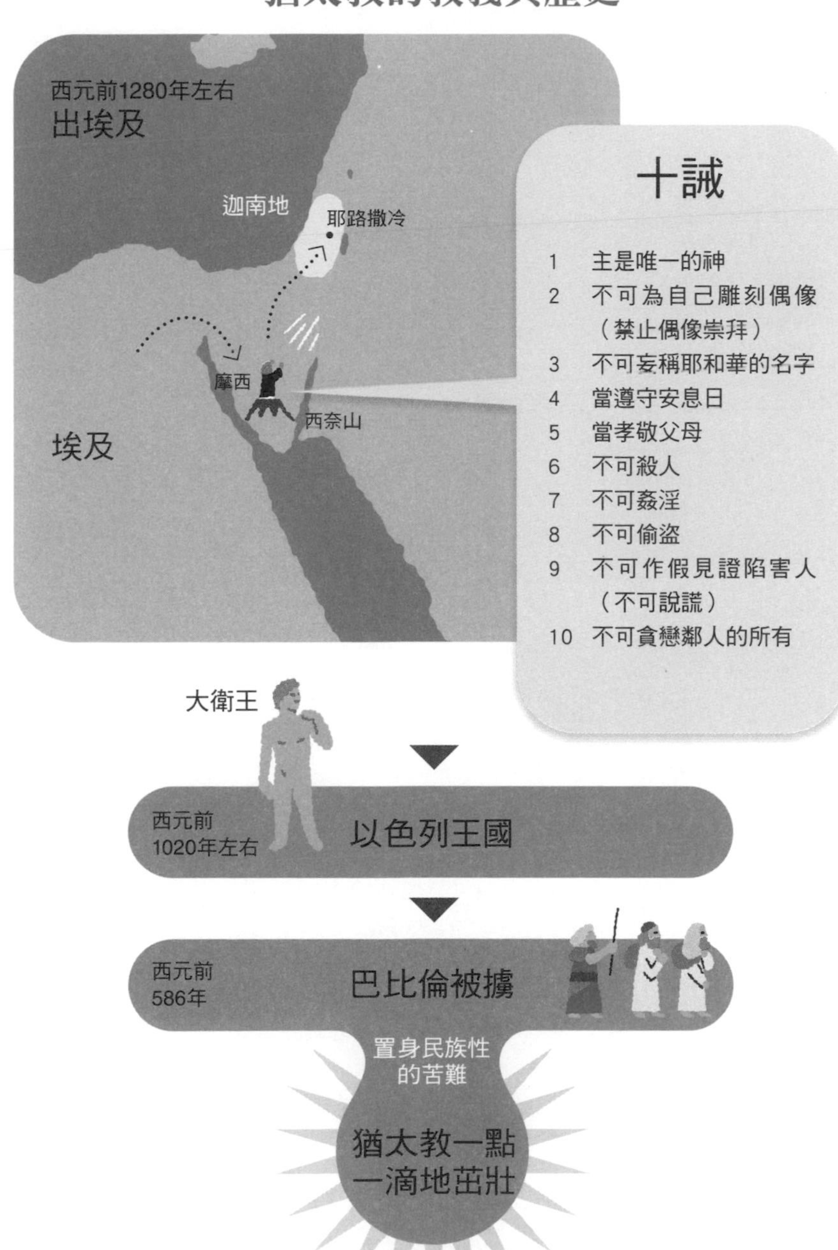
西元前1280年左右
出埃及
迦南地
耶路撒冷
摩西
西奈山
埃及
十誡
1 主是唯一的神
2 不可為自己雕刻偶像（禁止偶像崇拜）
3 不可妄稱耶和華的名字
4 當遵守安息日
5 當孝敬父母
6 不可殺人
7 不可姦淫
8 不可偷盜
9 不可作假見證陷害人（不可說謊）
10 不可貪戀鄰人的所有
大衛王
西元前
1020年左右
以色列王國
西元前
586年
巴比倫被擄
置身民族性
的苦難
猶太教一點
一滴地茁壯

誕生自猶太教的基督教

耶穌身為猶太教徒，卻批判猶太教。了悟自己是「上帝之子」後，開始致力傳道，並從門徒中選出了十二名「使徒」，但……。

猶太教聲稱，只有猶太人才是上帝揀選出的人民，並且是唯一能得到上帝拯救的民族。世界末日來臨時，彌賽亞（救世主）將會降臨人世拯救他們。

就在這時耶穌出現了，他說：「所有人類都是平等的，無論是誰，只要相信上帝都能得救。」

「基督」是彌賽亞的希臘文音譯。可能有很多人誤以為耶穌基督是名字，其實不是。

那麼，耶穌究竟是一個什麼樣的人？

據說，距今約兩千年前，耶穌誕生在以色列境內一個名為伯利恆

★伯利恆　一般認為這裡是兩千年前左右，耶穌的出生之地。木匠的父親約瑟與母親瑪利亞生下的孩子。後來此處修築了一座教堂，名為「聖誕教堂」，並保存至今。

伯利恆的聖誕教堂。

（Bethlehem）★的城市。當時，猶太教已於這個地方普及，耶穌也是信奉猶太教的教徒。

然而，耶穌雖然身為猶太教徒，卻批判猶太教，他認為「只拯救猶太人的想法是有問題的」。

結果耶穌遭拘捕，被判處極刑，釘在各各他山（Calvary）★的十字架上。

門徒將耶穌的教誨整理集結並加以推廣

據說，耶穌死後復活，並向信徒宣揚教誨。這時信徒們開始認為「耶穌就是救世主（基督）」這些人便被稱為基督徒。

耶穌的教誨透過其門徒整理成多部《福音書》，其中有四部被集結成後世的《新約聖經》。因此，建立起基督教的不是耶穌本人，而是耶穌的門徒。

基督教認為，因為基督的出現，使得神與人重新締結了「新的約定」，所以他們將自己的經典稱為《新約聖經》。

對基督徒而言，猶太教的經典是《舊約聖經》，他們將《舊約聖經》和《新約聖經》皆視為經典。反之，猶太教則不把《新約聖經》視為經典。

依猶太教和基督教教義來看，人死後身體不會毀滅，會長眠於地底。

★各各他山　一般認為耶穌就是在這裡被處以十字架刑。現在有一座「聖墓教堂」，位於被視為各各他山的所在之地。

耶路撒冷的聖墓教堂。

等到「世界末日」來臨時，人就會從長眠中醒來，並站在神的面前接受審判，神會決定這個人要上天堂還是下地獄（最後的審判★）。生前行善之人將會上天堂，行惡之人則會墮入地獄。

因此，絕對不能「火葬★」，因為沒有身體，就無法上天堂。這方面，伊斯蘭教也保留了相同看法。

★最後的審判　指人類將在世界末日接受神的審判。人死後會長眠於地底，當最後的審判來臨時，靈魂與肉體會再次結合，人就會復活。

★（不進行）火葬　要在最後的審判之日復活，就不能沒有肉體。人死後只是暫時留在墳墓中，等待審判之日的到來。火葬被認為是神懲罰下地獄之人的方式，因此無論什麼理由，在一神教的世界裡都沒有火葬遺體的選項。

重點在此！

✸基督徒將自己的經典稱為《新約聖經》。

✸成立基督教的不是耶穌本人，而是他的眾門徒。

曾是猶太教徒的耶穌基督的一生

西元前4世紀左右	●誕生於現今的巴勒斯坦自治區內的伯利恆（父親為約瑟，母親為馬利亞）
幼少期	●生活在加利利地方的拿撒勒小鎮中
30歲左右	●在約旦河接受約翰的施洗
	●與12名門徒進行傳教 （猶太教的改革運動）
西元後30年左右	●與12名門徒共進最後的晚餐
	●在使徒猶大的背叛下遭到逮捕 在各各他山上 被處以十字架刑
	基督教認為， 耶穌將會死後復活， 並向信徒們傳道。

認為耶穌
一定就是人類的救世主（基督）
「信奉耶穌的教誨的宗教」
＝基督教

「聖墓教堂」的內部。教堂所在之處被認為是各各他山的遺址（現今的耶路撒冷舊城）。

伊斯蘭教認為神最終揀選出的是穆罕默德

伊斯蘭教的創始人是穆罕默德。他是神所揀選出的最後的先知。對穆斯林而言，唯一的真神只有「阿拉」，穆罕默德並非禮拜的對象。

伊斯蘭教的「阿拉」，在阿拉伯語中其實就是「神」的意思。寫有宗教教義的書，我們稱之為「聖經」或「經典」，伊斯蘭教的經典《可蘭經》上寫道：「難道你們（猶太教徒、基督徒）和我們爭論真主嗎？其實，他是我們的主，也是你們的主。」

從伊斯蘭教徒的角度來看，神最初是將其曉諭賜給猶太人，並對他們說：「好好聽神的曉諭！」但猶太人完全沒有遵守，所以神又再選擇了耶穌作為先知，將神的曉諭好好地傳給人類，但眾人卻在聽到耶穌的教誨後，擅自把耶穌奉為「神」，還建立了基督教。耶穌明明只是個凡人，卻被當成神崇拜。

於是，神又重新揀選出穆罕默德這個人，將神的曉諭傳給他。根據上述的主張，神最後揀選出的，就是阿拉伯民族的穆罕默德。

對伊斯蘭教徒而言，《舊約聖經》和《新約聖經》也可以算是他們的經典，但《可蘭經》擁有最崇高的地位。

順帶一提，基督教也曾有過「耶穌是人」的想法，但後來羅馬帝國將「視耶穌為神之子」的教派定為「正統」的基督教。

基督教因為「耶穌是神還是人」這個問題，產生了不同的教派，結果主張「耶穌是人」的教派被視為「異端」。對伊斯蘭教而言，這就像是把穆罕默德當成了神，所以他們覺得基督教的做法是錯誤的。

「領受神的曉諭之人」就是先知穆罕默德

那麼，伊斯蘭教是如何成立，又是如何普及的呢？

對此，我們不妨透過先知穆罕默德的一生來了解這個問題。所謂先知，是指「領受了神的曉諭之人」。先知不同於預告未來的「預言家」，所以要分清楚這兩者。

伊斯蘭教成立之前，阿拉伯人信奉的是多神教。

西元六世紀左右的麥加，是商隊（caravan）★聚集的商業、金融重鎮。

★商隊　組成隊伍，在沙漠中運送商品往來的集團商人。穆罕默德所屬的古萊什族專門從商，因此穆罕默德也自然而然地成為一名商人。古萊什族人的生活就是用駱駝載著家當，往來於沙漠，前往各個綠洲都市販賣物品。

由於拜占庭帝國★（東羅馬帝國〔Byzantine Empire〕）與波斯薩珊王朝★（伊朗人的王國〔Sasanian Empire〕）兩國之間的戰禍連綿，使得絲路無法通行，商隊為了迴避戰火，轉而取道麥加，麥加因此繁榮起來。

當一個城市繁榮時，人們就會為了錢財起紛爭，社會也會出現貧富差距，於是部落社會也隨之瓦解。

穆罕默德就是出生在這樣的時空背景下。他的父親在他出生前便死去，母親也在他六歲時亡故，之後他由叔父帶大。他從小就被人稱作「老實人」（Al-Ameen）。

二十五歲時，他與一個名叫赫蒂徹（Khadijiah）的四十歲寡婦結婚。赫蒂徹十分富有，穆罕默德在認識她後，自己也靠著行商致富。當時他們的生活就是用駱駝載著家當，行走於沙漠中，四處買賣交易。

所以說，穆罕默德有著一段「年齡差距懸殊的婚姻」。

★拜占庭帝國　從四世紀延續到十五世紀的大帝國，被喻為人類史上最悠久的君主制國家，以今日的土耳其伊斯坦堡為首都，幅員遼闊。一四五三年，被鄂圖曼帝國所滅。拜占庭帝國在七世紀的席哈克略王朝（Heraclian dynasty）以前，其實是屬於東西分裂的羅馬帝國的東半部，因此在此之前的時期也稱為東羅馬帝國。

★波斯薩珊王朝　三世紀至七世紀間，統治了西亞大部分區域的王朝。在伊斯蘭出現後被其所滅。

重點在此！

✷阿拉伯人原先信仰的宗教是屬於多神教。

✷穆罕默德既不是教祖，也不是神的化身，而是人。

三個宗教都是來自同一個神的曉諭

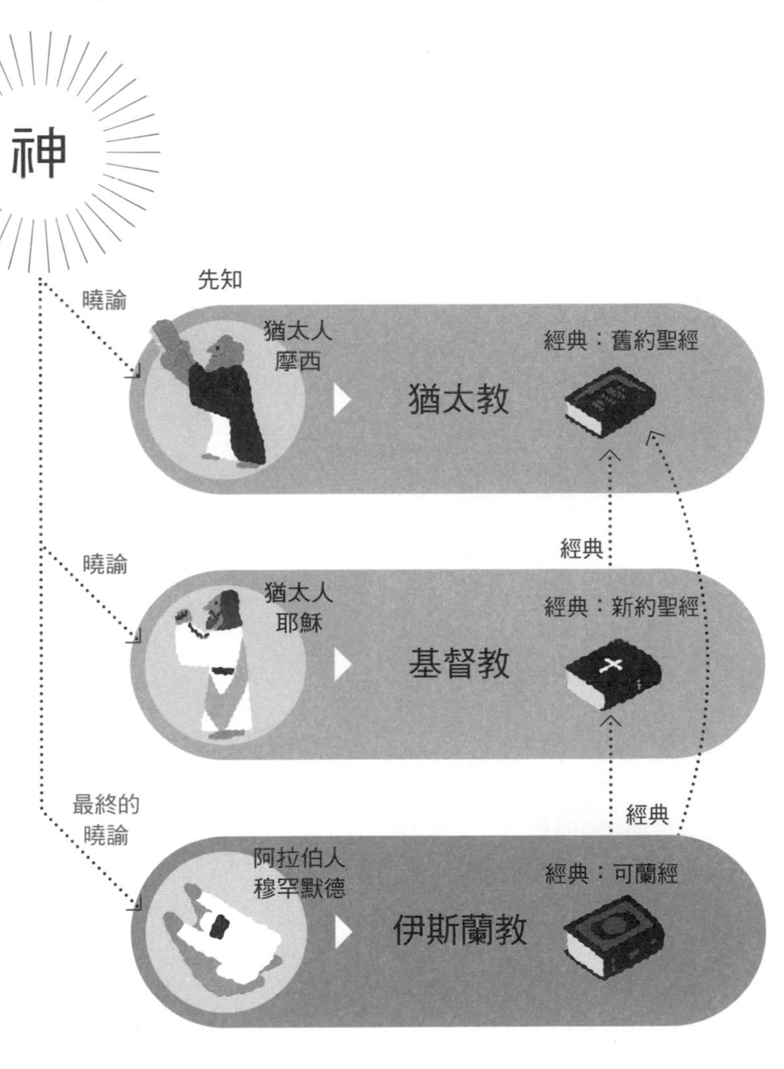

穆罕默德開始向眾人宣揚神授的曉諭

《新約聖經》所記載的耶穌生平，是從「天使報喜」——天使告訴瑪利亞她的肚內懷有神之子——開始寫起。但穆罕默德原本僅是一介商人。

穆罕默德很有可能在他四處行商的生活中，碰到了許多猶太教徒和基督徒。猶太教信奉一神信仰而擁有強大的向心力，基督教則是擁有人人生而平等的思想，也許是兩個宗教的這些部份引起了穆罕默德的興趣。

當穆罕默德進入生活穩定的四十多歲後，開始變得常常沉思，也會在郊外的希拉山洞（Hira）裡靜坐冥想。某天，穆罕默德一個人在山洞中冥想時，天使吉卜利勒★（Jibril／《舊約聖經》中稱為加百列〔Gabriel〕）出現在他眼前，命令他「唸誦」。

「唸誦」的意思是天使自己要開始傳達神的曉諭了，而要求穆罕默德出聲複誦。其實，穆罕默德是一個不會讀寫的文盲。

★吉卜利勒　就是指大天使加百列。他告訴穆罕默德「你是神的先知」，並授予他阿拉的啟示。據信，加百列也是告訴聖母瑪利亞她將成為耶穌之母的天使。

穆罕默德害怕得直奔回家，向妻子求助。他向妻子說明後，妻子告訴他：「那是真神的曉諭，所以你就是先知★。」

此後，穆罕默德就開始向人講述「天啟」，親口說出神授的曉諭。他宣稱自己「領授了神的曉諭」，並將這些曉諭傳播給周遭的人。

穆罕默德開始將神授的曉諭傳播給眾人，這就是伊斯蘭教的起源。

重死後而輕現世的宗教

所謂伊斯蘭教，就是信仰唯一的真神「阿拉」，信奉神授予穆罕默德的「天啟」的宗教。真神面前，人人平等。伊斯蘭教徒相信，只要在生活中恪守神的曉諭，死後就能上天堂。

伊斯蘭教可說是一個重死後而輕現世的宗教。當時阿拉伯人的壽命約是五、六十歲。一生再怎麼長也不過是幾十年，但「死後的世界卻是永恆的」。在現世的五、六十年裡忍得一時之苦，遵守神的曉諭過生活，死後就能永遠活在天堂裡。

對伊斯蘭教徒而言，天堂是一個可以盡情吃肉，盡情喝葡萄美酒的地方。那裡有可愛的男孩為人打理日常生活，還有年輕貌美的女子（處女）們任人尋歡，而且美女們到了第二天又會恢復成處女。完全是一個極盡享樂的

★先知　領受神的曉諭之人。耶穌基督也是先知。《可蘭經》中記載著二十五個先知的名字，其中諾亞、亞伯拉罕、摩西、耶穌、穆罕默德被視為五大先知。

仙境，所以信徒們有虔誠祈禱的動力。

「伊斯蘭（Islam）」是從阿拉伯語中有「和平」之意的「Salam」一詞衍生而來。至於「伊斯蘭」一詞本身，則意味著「將一切交託給神」。

伊斯蘭教徒被稱為「穆斯林」，這個詞則是指「將一切交託給神的人」。

在伊斯蘭的世界中，《可蘭經》只能以原文的形式存在。聆聽《可蘭經》時，會發現其聲韻優美無比，經文彷彿帶有某種韻律。這種聲韻之美，透過翻譯是無法傳達的。

或許正因《可蘭經》不宜翻譯的特性，才使得伊斯蘭教變成一個難以理解的宗教。

重點在此！

✱ 穆罕默德是不會讀寫的文盲。

✱ 伊斯蘭教的神就稱作「阿拉」，所以「阿拉之神」是錯誤的說法。

伊斯蘭教是什麼樣的宗教？

成立時間？

約7世紀前葉

經典

《可蘭經》

信奉的對象為何？

阿拉
（穆罕默德是先知）

聖地在何處？

麥加、麥地那
（二者皆位於沙烏地阿拉伯）
耶路撒冷

教義特徵為何？

信奉唯一而絕對的真神阿拉，祂是創造萬物的真主。以六信五功（參照39頁）為義務。一天必須進行禮拜5次等等。

信徒人數

全球約15億人

正在學習《可蘭經》的少女的手（巴勒斯坦的加薩）。

拍攝：Landov／Aflo

伊斯蘭世界統一了多神教的阿拉伯半島

現在伊斯蘭教徒雖已超過十五億人口，但創教之初他們卻受到迫害。第一名入教者是穆罕默德的妻子赫蒂徹，接著是其堂弟阿里。

現代的伊斯蘭教徒可說是向心力十足，但在創教之初，因為是一個新興宗教，所以只有穆罕默德的親人朋友願意接納。

西元六至七世紀，阿拉伯半島信奉的是有偶像崇拜習俗的多神教。位於麥加的「克爾白天房（Kaaba）★」，伊斯蘭教成立以前就已存在，原本是多神教的神殿，供奉著為數眾多的偶像。

穆罕默德一反原有的習俗，在當地傳播平等思想與一神論，遭受麥加富商們的迫害，受到像是被砸石頭等等的對待。

在麥加失去容身之地的穆罕默德，率領著寥寥無幾的信徒，前往另一個繁榮的城市麥地那（〔Medina〕先知的城市之意），展開伊斯蘭教的傳教活

★克爾白天房　位於麥加的聖殿，其外形為十五公尺高的立方體。之所以稱為「克爾白天房」，是因為阿拉伯語中「克爾白」就是指立方體的建築。當地信奉多神教時，民眾可在天房中供奉自己喜愛的神明來參拜。

動。這次遷徙史稱「希吉拉（Hegira）」，又作「聖遷」。伊斯蘭曆就是將這一年當作元年的純陰曆[1]。

穆罕默德在麥加傳道約十年之久，反對勢力甚至派人要暗殺他。因為種種因素，他們在西元六二二年，遷徙至位於四百公里之外的麥地那。

來到麥地那後，信徒緩緩增加，穆罕默德儲備了足夠的實力後，便回去攻克麥加。他們將克爾白天房中供奉的所有異教偶像搗毀殆盡，使克爾白天房化身為沒有任何一尊神像的立方體，並以此作為伊斯蘭教的正殿。

穆罕默德就這樣在阿拉伯半島上，成功地建立起了一個伊斯蘭社會。

西元六三二年六月，穆罕默德走完了他的一生，得年六十餘歲。當時，因戰爭頻仍，穆罕默德的追隨者也相繼離世，信徒們眼看這樣下去神的曉諭將會失傳，而把穆罕默德唸誦出的天啟整理成冊，這就是《可蘭經》的由來。

「真神面前，人人平等」，但奴隸不是人

伊斯蘭教主張「真神面前，人人平等」，但當時他們有蓄奴習慣，奴隸受到非人的對待。伊斯蘭國家沙烏地阿拉伯一直到近期，才廢止奴隸制度。

1 根據月亮圓缺週期訂出的曆法。

信徒聚集於克爾白天房（中央的四方形建築物）祈禱。（拍攝：路透社／Aflo）

每當他們發動戰爭，擴大領土，奴隸就會隨之增加。對男人，他們一律殺無赦，女人和小孩則是抓來當奴隸。

有許多人將自己親眼所見的穆罕默德言行記錄下來。這些言行記錄被集結成《聖訓》一書，與《可蘭經》並列為伊斯蘭教的重要經典。

《聖訓》中記載著「穆罕默德的下巴蓄有長鬍子」，以及「穆罕默德的每一名妻子皆以黑色罩紗遮蓋全身」。

因為《聖訓》中的記述，許多伊斯蘭教徒相信「這麼做才是正確的」，並仿效書中記載的做法。

重點在此！

✸伊斯蘭教創教之初受到周圍的嚴重迫害。

✸穆罕默德因為被視為暗殺目標，而從麥加遷徙至麥地那。

原本信奉多神信仰的阿拉伯半島
化成了伊斯蘭世界

麥地那

希吉拉（聖遷）

麥加

阿拉伯半島

伊斯蘭教

他們將《聖訓》中所記載的穆罕默德的行為，視為最正確的準則。

男性
下巴蓄鬍子

女性
黑色罩紗

相信六大信條，遵守五項原則的「六信五功」

當時的阿拉伯是多神教，伊斯蘭教的阿拉只是諸神之一，祂和猶太教的耶和華、基督教的上帝是相通的神祇。

《可蘭經》是將穆罕默德自神領受而來的曉諭，用阿拉伯語記錄下來的書籍。因為穆罕默德是文盲，所以他是口頭向眾人傳授教誨，眾人再將其背誦起來。「可蘭」在阿拉伯語裡的原意是「必須誦唸出來的字句」。所以《可蘭經》不是用眼睛讀過就好，必須像吟詩般吟唱出來。

《可蘭經》共有一百一十四章。

以下介紹幾項《可蘭經》中最重要的內容。

祈禱時一定要誦讀的，是第一章。

先宣誓「只有阿拉是真主，絕不崇拜其他神明」。經文中還寫著「真神阿拉是全世界的主，是執行末日審判的主」。

關於「天地的創造」（第二章起）則講道：「這個世界乃至人類，都是真主創造的，真主是必須敬畏的存在」。

亞當和夏娃★是猶太教和基督教的《聖經》中提到的，上帝最早創造出的人類，《可蘭經》中也提到了這兩個人。他們吃下了神說不能吃的「禁果」，被逐出了一直以來居住的樂園。

與其說是「宗教」更像「生活規範」

伊斯蘭教徒為了死後能上天堂，而在活著時遵守神的曉諭。根據《可蘭經》記載，每個人在世上的行為都受到兩個天使監視，天使會將其所有行為寫在記錄冊上。末日來臨時，世人就會一一站到神的面前，接受「最後審判」，這時，天使會將記錄冊拿出來。善行較多者就能上天堂，惡行較多者就會下地獄。

提到伊斯蘭教國家，也許很多人都會立刻想到「一夫多妻制★」。《可蘭經》上寫著，一個男人最多可娶四名妻子，其原因如下：

這是一個在戰爭之後領受到的啟示，穆罕默德周圍有許多因戰爭而失去丈夫的女性，或失去父親的孩子。所以，這項啟示其實是一種手段，用來幫助這些孤兒寡女，背後的涵義是「和寡婦結婚，並撫養她的子女」。

★（聖經的）亞當和夏娃　上帝創造了亞當和夏娃。伊甸園（樂園）的中央長著一顆「分辨善惡的知識樹」。上帝對亞當和夏娃說：「不可以吃上面的果實。」但夏娃受到蛇的誘惑，吃了果實，隨後亞當也吃了。果實一下肚，兩人就立刻得到了區別善惡的知識，同時也開始為赤身裸體的自己感到羞恥。上帝知道兩人違背了約定，便將其逐出伊甸園，命他們去面對充滿苦難的人生旅程。

★一夫多妻制　《可蘭經》有一段這樣的記載：「如果你們恐怕你們不能公平地對待孤兒們，你們可擇娶你們愛悅的婦女，娶兩個，三個或四個。倘若你們害怕不能公平地對她們，那麼就娶一個，或以你們右手所轄的（女奴）為滿足。這是最不致失去公允的做法。」讀到這一段就會發現，一夫多妻制是為了拯救女性與孤兒的方法。許多人認為，這段話是出自「由一名男性照顧多名女性」的想法。

除此之外，日常生活中必須遵守的規定有「不可吃豬肉」、「不可飲酒」、「不可崇拜偶像」、「女性不可在人前炫耀自己的美色」……等等。

伊斯蘭教徒為了上天堂，而相信「阿拉」、「天使」、「經典」、「先知」、「後世」、「命定」六項信條，並實踐「證信（信仰作證）」、「禮拜（祈禱）」、「天課（捐獻）」、「齋戒」、「朝覲」。這些合稱為「六信五功」。

伊斯蘭教與其說是「宗教」，或許更像是一種「生活規範」，《可蘭經》就如同「日常生活的規條」。

重點在此！

✸《可蘭經》的「可蘭」意為「必須誦唸出來的字句」。

✸《可蘭經》上記載著對神「絕對服從的方法」。

與其說是宗教更像基本的生活規範

六信（相信六項信條）

1	阿拉	世界是真神阿拉創造的。真神是唯一的存有。
2	天使	天使由真神創造，是介於神與人類之間的存有。
3	經典	伊斯蘭教的經典為《可蘭經》。
4	先知	伊斯蘭教的先知是穆罕默德。
5	後世	指死後的世界。人死後會長眠於地底，等到末日來臨時，接受最後審判。
6	命定	現世中的一切都是根據真神的旨意決定好的。

五功（恪守五項原則）

1	證信（信仰作證）	誦讀規定好的文句。
2	禮拜（祈禱）	一日向聖地麥加的方向祈禱5次。
3	天課（捐獻）	捐出收入的2.5%。
4	齋戒	在伊斯蘭曆的9月，即齋戒月（Ramadan），進行禁食。Ramadan這個詞本身並不等於禁食，指的是齋戒月。
5	朝覲	到聖地麥加朝聖。一生至少1次。

「右手可蘭經，左手半月刀」？伊斯蘭教向全世界擴張

最初，伊斯蘭教是一個在麥加遭受迫害，被當作異端的宗教，後來是如何為眾人接受，並擴張至全世界？

穆罕默德在世時，伊斯蘭教一直都只是一個阿拉伯半島上的宗教。如今卻成為西至北非，東達印尼，全球信徒約十五億人口的宗教。換算下來，每四到五人中，就有一人是伊斯蘭教徒（穆斯林）。而且，全球最多穆斯林的地方是亞洲，最多穆斯林的國家則是印尼。

戒律森嚴的伊斯蘭教是如何為眾人接受，又是如何將版圖擴張至亞洲的呢？

西元七世紀，阿拉伯半島的伊斯蘭教徒，為尋求貿易對象往東方前進。現在普遍認為，當時他們應該是一邊進行海上貿易，一邊傳教。

十六世紀左右，一個印度的伊斯蘭王朝出現了——「蒙兀兒帝國★」。

★蒙兀兒帝國（Mughal Empire）
十六世紀左右，建立於印度的伊斯蘭教王國。

伊斯蘭教傳入之前，印度信奉的是印度教、佛教等。據說，伊斯蘭教率領軍隊擴張版圖（領土）時，將佛教徒身上穿的黃色袈裟誤認成「軍服」，而發動戰爭將對方殲滅，結果造成印度的佛教徒銳減，伊斯蘭教徒便藉著這個機會在印度傳教。

在印度，還出現了由印度教和伊斯蘭教兩教綜合而成的「錫克教★」。

「右手可蘭經，左手半月刀」並非真有其事

錫克教主張真神面前人人平等，否定了人為劃分階級的「種姓制度」。另一方面，錫克教又相信「輪迴」，認為所有生物都會不斷地轉世。人人平等是伊斯蘭教的思想，輪迴則是印度教和佛教的觀念。

或許是因為在印度有種姓制度的存在，所以伊斯蘭教的教義更容易打動眾人。由印度的伊斯蘭王朝打造出的「泰姬瑪哈陵★」，已成為現在名聞遐邇的古蹟。

伊斯蘭教在印度普及後，又繼續往東傳播至印尼。

在美國，穆斯林的人數也正在增加。美國的伊斯蘭教徒分為兩類，一類是來自中東或東南亞的移民，另一類是改信伊斯蘭教的黑人。後者是在奴隸制度廢除後，仍在美國社會中飽受種族歧視所苦，覺得「基督教明明宣稱在

★錫克教　十五世紀末，以拿那克（Guru Nanak）為創始人，結合伊斯蘭教與印度教兩教教義的宗教。誕生於印度西北部的旁遮普（Punjab）地區。錫克教徒會在頭上包著各種顏色的特本頭巾（Turban）。

★泰姬瑪哈陵　蒙兀兒帝國第五代皇帝沙迦罕（Shah Jahan，一五九二～一六六六年）為了紀念亡妻（皇后）而興建的陵墓。

位於印度北部的泰姬瑪哈陵。

神面前人人平等，結果一點也不平等」，於是轉而信奉伊斯蘭教。

黑奴解放運動的領導人物麥爾坎・X★，也是從基督教改信伊斯蘭教的一人。拳王穆罕默德・阿里（Muhammad Ali-Haj）亦是如此。

早期日本的課本上曾寫道：「伊斯蘭教是靠著武力在世界各地擴張版圖的。」也就是所謂「右手可蘭經，左手半月刀」，他們對異教徒採取「信我者生，不改信者死」的方針。

然而隨著歷史研究的演進，現在一般學者認為，伊斯蘭教徒實際上並未強制異教徒改信，而是只要繳納稅金，就能信奉原來的宗教。

★麥爾坎・X　原名麥爾坎・利托（Malcolm Little，1925-1965）本著他所信奉的宗教教義，推動黑人民權運動。他在二十歲時，因竊盜罪遭逮捕，入獄服刑七年。服刑期間，接觸到伊斯蘭教組織「伊斯蘭民族（Nation of Islam）」，這成了他人生中的轉振點。出獄後，他成為該組織的傳道士，進行過多場演說，但一九六五年二月，他在紐約進行演說時遭暗殺。「伊斯蘭民族」這個組織，會給予信徒「X」當作姓氏。當初白人將黑人從非洲帶到美洲當奴隸時，為奴隸冠上主人的姓氏，麥爾坎為了拒絕承繼這種白人賦予的姓氏而改名，並將「X」作為姓氏使用。

重點在此！

✷全球最多穆斯林的地方是亞洲。

✷伊斯蘭教透過海上貿易，擴張至東南亞。

從阿拉伯半島向全世界擴張的伊斯蘭教

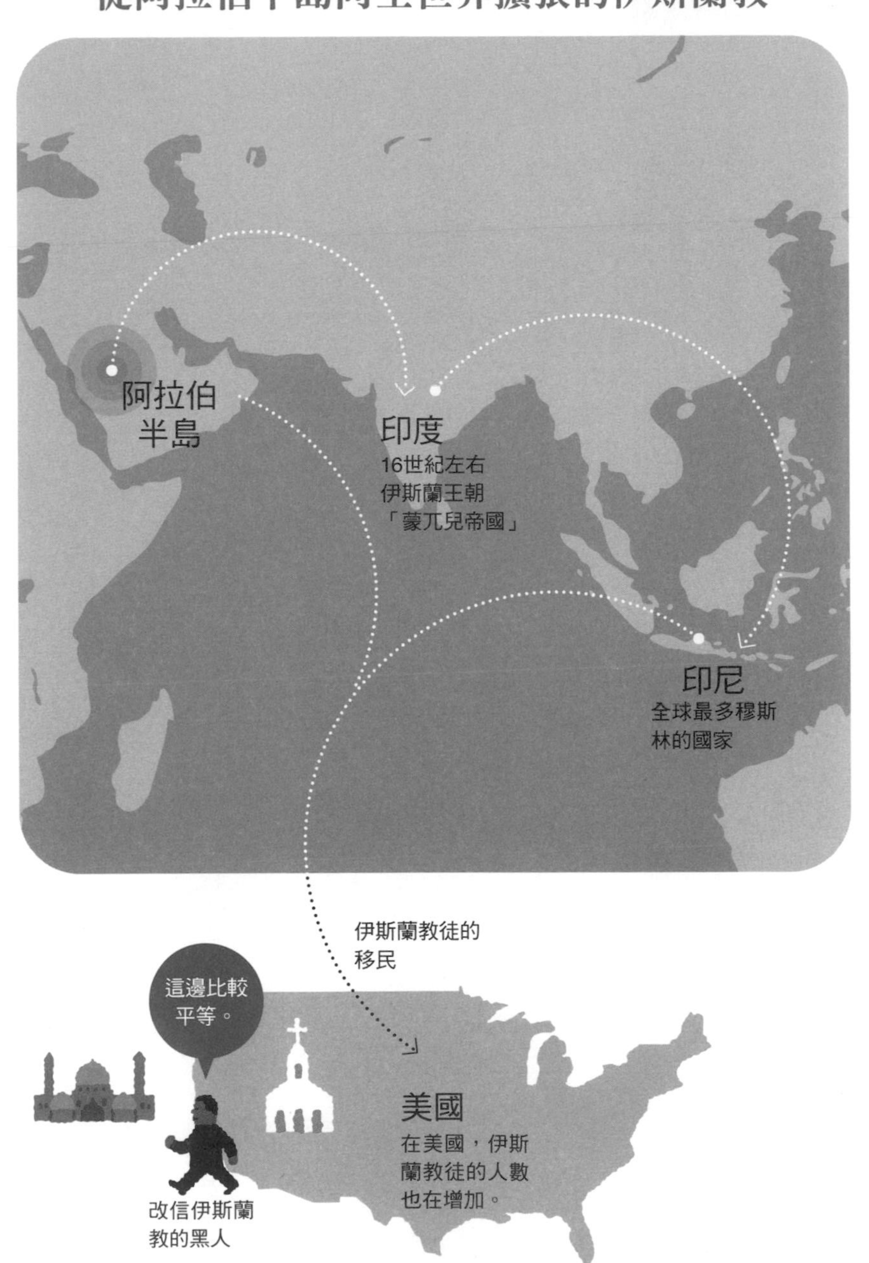

耶路撒冷同時是猶太教、基督教、伊斯蘭教三教的聖地

猶太教、基督教、伊斯蘭教三教的聖地同時位在耶路撒冷，為何這三教的聖地會位在同一個地區呢？

猶太教徒、基督徒、伊斯蘭教徒同樣信仰「唯一真神」，但三者之間絕對稱不上「關係良好」。

世界上第一場宗教戰爭，應該就是「十字軍東征★」。戰爭的起因是伊斯蘭教勢力急速成長，並在十一世紀左右占領了耶路撒冷，而耶路撒冷又是耶穌之墓的所在之處。

基督徒與穆斯林自此陷入對立的關係。當時的羅馬教皇派出了軍隊，下令「收復聖地」。教皇還說：「只要能奪回聖地，上帝就會賜予你們獎賞。」基督教的勢力被稱為「十字軍」，因為士兵的胸前都有一個紅色十字架的圖案。

★十字軍東征　十字軍出現於十一世紀。耶路撒冷（阿拉伯語的地名為al-Quds）是耶穌基督墳墓的所在之處，因此是基督教的聖地。當時，耶路撒冷被伊斯蘭教徒占領，羅馬教皇因而下令「收復聖地」，派信仰基督的軍隊進攻耶路撒冷。十字軍東征長達兩百年之久，光是大規模的遠征就有八次之多。對伊斯蘭教徒而言，「十字軍」可說是伊斯蘭之敵的代名詞。

接下來的兩百年間，十字軍總共出征八次，但基督教勢力只有在第一次取得勝利，其餘七次皆敗給了伊斯蘭教勢力。

伊斯蘭教共有三處聖地，最重要的聖地是麥加，這裡是克爾白天房的所在地，也是穆罕默德的出生地；其次是麥地那，這裡是穆罕默德陵墓的所在之處；最後就是耶路撒冷。

耶路撒冷同時是猶太教、基督教、伊斯蘭教三教的聖地。現在這三個宗教的信徒都各自主張要接管耶路撒冷，因此互相對立。

接下來就簡單說明一下，為何耶路撒冷會成為三教的聖地。

「淵源深厚之城」三教互不相讓

《舊約聖經》中，記載了一段猶太人的祖先亞伯拉罕受到上帝考驗的故事。「你果真信上帝的話，你能將愛子（長子以撒）當作祭品獻給我嗎？」

亞伯拉罕得到上帝的這個命令後，內心雖是天人交戰，但最後仍帶著以撒上山丘，讓他橫躺在岩石上，並拿刀準備刺向他的胸口。就在這個瞬間，天上傳來了一個聲音：「可以了，我看見你的虔誠了，你不用殺這個孩子。」這座山丘因此成為一座曾聽見上帝之聲的地方，猶太人在這裡打造了一座聖殿。

因為亞伯拉罕的故事，猶太教徒的耶穌也前來這座山丘傳道，但他發起

耶路撒冷的舊城。現已登錄為世界遺產。

重點在此！

✸十字軍東征是基督徒與穆斯林之間最早的戰爭。

✸伊斯蘭教有三處聖地，其中一處就是耶路撒冷。

的猶太教改革運動觸怒了猶太教，於是就被釘上了神聖山丘旁各各他山上的十字架。耶穌之墓因此位在耶路撒冷，這裡也成了基督徒的聖地。

然而，穆罕默德明明不曾來到耶路撒冷，為何耶路撒冷會成為伊斯蘭教徒的聖地呢？

根據《可蘭經》記載，某夜穆罕默德在天使的帶領下，騎上一匹飛馬，前往一座遠方的城市，在該地升上雲霄，見到阿拉或是歷代的先知們，並在黎明之前返回麥加。

後來的信徒們開始猜測這座「遠方的城市」是哪裡，最後得到的結論就是耶路撒冷。他們判斷穆罕默德一定是觸碰到《舊約聖經》中記載的「聖岩」後，才升上雲霄。於是，他們在遭羅馬帝國破壞而長期受到日曬雨淋的岩石處，蓋了一座以黃金覆蓋屋頂的清真寺，取名為「**圓頂清真寺（Dome of the Rock）**★」，這裡因此也成了伊斯蘭教的聖地。

★圓頂清真寺　當初亞伯拉罕讓以撒橫躺的岩石，被猶太教視為「聖岩」，因此在岩石所在之處興建了一座聖殿。這座聖殿遭羅馬帝國摧毀後，就只留下岩石在該處遭受日曬雨淋。後來，伊斯蘭教徒在岩石上蓋了一座圓形屋頂，為屋頂貼上金箔，命名為「圓頂清真寺」。

三個宗教的聖地都位在耶路撒冷的舊城

基督教

聖墓教堂

建造於被認為是耶穌被釘十字架的各各他山的遺址之處。

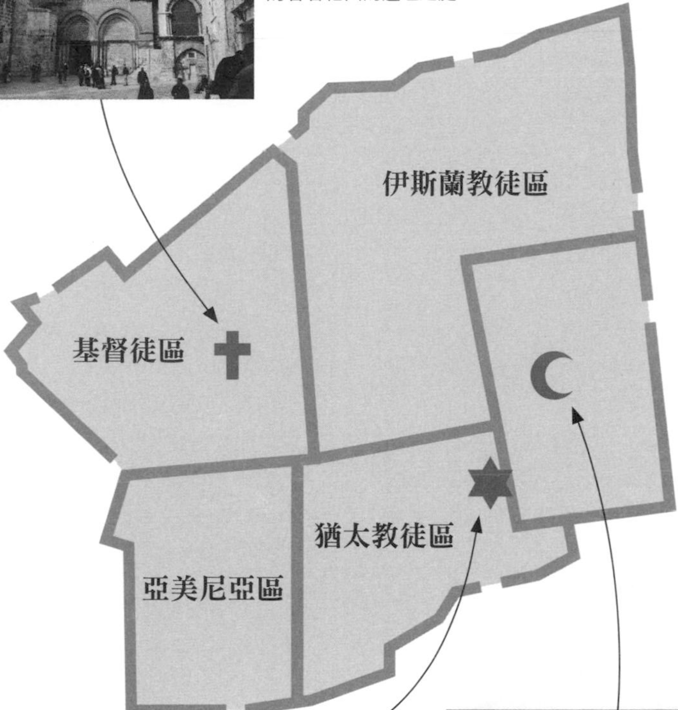

伊斯蘭教徒區

基督徒區

猶太教徒區

亞美尼亞區

猶太教

哭牆

西元七〇年，這裡的聖殿被羅馬帝國摧毀，只留下了聖殿西側的牆。夜露在石壁上凝結滑落的樣子，彷彿牆在流淚，因此得名哭牆。

伊斯蘭教

圓頂清真寺

穆斯林認為圓形屋頂保護著的岩石，就是穆罕默德在天使帶領下，從麥加來到耶路撒冷時觸碰到的「聖岩」。

Column 2

《安妮日記》使以色列得到眾人的同情

各位曾經讀過《安妮日記》（*Het Achterhuis*）嗎？很多人在讀這本書時，會覺得「這是在描寫一個可憐的小女孩的故事」，但我最近重讀這本書時，發現這本書是在描述一個藏身在密室之中，一邊與各種恐懼搏鬥，一邊逐漸意識到「我是猶太人」的小女孩的成長故事。

在受到納粹迫害之前，猶太人就因王國而流亡歐洲各地，長久以來受盡歧視與迫害。

這是為什麼呢？

歐洲是基督教社會。基督教四福音書之一的《馬太福音》中，記載著耶穌被釘上十字架時的故事。

有人問：「真的要把耶穌釘上十字架嗎？」猶太人回答道：「儘管處刑吧。此人流的血，責任歸到我們和我們的子孫身上。」

換言之，對基督教社會而言，所謂的猶太人，就是把耶穌基督釘在十字架上加以殘殺之人的後代子孫。

1929年，安妮出生在德國法蘭克福的一個富裕家庭中，她的父親奧托（Otto Frank）在銀行工作。

安妮一出生，就遇上1929年的全球經濟恐慌，德國境內失業者人滿為患。

就在此時，阿道夫・希特勒所率領的納粹黨，開始宣稱「德國的經濟不景氣都是猶太人造成的」，並藉此得到了許多國民的支持。

接下來，猶太人受到的壓迫愈演愈烈。

安妮一家人為了逃避迫害，自德國移居荷蘭。自古就有許多猶太人居住在荷蘭，因為荷蘭是一個較能接納移民的國家。安妮一家就在這平穩地生活了數年。然而，最後猶太人連在荷蘭也開始受到迫害。

安妮一家為了逃避這一波迫害，逃到父親經營的食品公司，躲進四樓的密室中。《安妮日記》就是撰寫於此時。

《安妮的日記》在安妮死後出版，擁有七十多國語言的翻譯版本，廣受全球讀者喜愛。世界各地的讀者讀了這本書後，深深同情猶太人的命運，也連帶對以色列這個國家產生憐憫之心，覺得「畢竟他們遭遇過那麼大的苦難」。

第二次世界大戰後，猶太人的國家──以色列──誕生，世界各國都聲援猶太人。然而，以色列的建立，換來的卻是「以巴衝突」這場新的對立。

安妮・法蘭克（Anne Frank）。1945年，她在年僅15歲時，死於德國的集中營裡。

拍攝：Top Foto／Aflo

第2章

中東對立的前因

了解延續至今的中東問題之基礎知識

與伊斯蘭教內部的對立狀況

伊斯蘭教的兩大教派

目前伊斯蘭教被劃分成遜尼派和什葉派兩大派別。這兩個引起伊朗與伊拉克間「兩伊戰爭」的教派，究竟有什麼不同？

同樣是伊斯蘭教國家，卻有著各式各樣不同的國情，當中既有恪守嚴格戒律的國家，又有女性可以穿著牛仔褲的作風開放的國家。

大家都知道，伊斯蘭教「禁止偶像崇拜」。但是若來到伊朗首都德黑蘭，就會看到四處都掛著最高精神領袖何梅尼（Ayatollah Ruhollah Khomeini）的肖像畫。總統大選時，街上也會貼滿選舉海報。反之，在恪守伊斯蘭教條的沙烏地阿拉伯，則是連「電影」都被視為偶像崇拜，因此國內既沒有劇場，也沒有電影院。為什麼會有這麼大的差異呢？

這是因為伊斯蘭教徒分成許多教派，每個教派的想法各異。

伊斯蘭教可粗略分成遜尼派（Sunni）和什葉派（Shia）兩大教派，是先知穆罕默德死後分裂而成的。穆罕默德死後，大家才開始討論「穆罕默德的繼承人」問題，想知道接下來伊斯蘭國家該由誰來領導。

伊斯蘭的最高統治者，稱為「哈里發★」（Caliph）。最初擔任哈里發的人選，是長老或深得信徒們信賴之人；第一任是阿布・伯克爾（Abu Bakr Abdallah），第二任是歐瑪爾（Umar ibn Al-Khattab），第三任則是歐斯曼（Uthman ibn Affan）。穆罕默德在世時，伊斯蘭教僅分布於阿拉伯半島，但他死後，伊斯蘭教便開始大舉擴張領土，尤其是第二任歐瑪爾在任時，更從拜占庭帝國（東羅馬帝國）手中奪下了埃及與敘利亞，在西亞一帶形成一個領土廣闊的阿拉伯帝國，之後，又打敗波斯薩珊王朝（Sassanid Empire，伊朗人的王國），將伊朗人納於管轄之下。

「阿里的黨派」就是什葉派

伊斯蘭教選出的第四任哈里發阿里（Ali），是穆罕默德的堂弟，他與穆罕默德的女兒結婚，成為其女婿。

阿里遭到暗殺後，教徒中有一群人說道：「阿里才是繼承了穆罕默德血脈的正統繼承人，我們不承認其他的哈里發。」這些人便組成了一個團體，被稱為「阿里的黨派」。在阿拉伯語中，黨派一詞唸作「什葉」，這個新的

★哈里發　穆罕默德死後承其位的繼承人。獲選為首任哈里發的是阿布・伯克爾・阿卜杜拉（Abu Bakr Abdallah），是穆罕默德的親戚。接下來是歐瑪爾・賓・哈塔卜（Umar ibn Al-Khattab）→歐斯曼・賓・阿凡（Uthman ibn Affan）→阿里・本・阿比・塔利卜（Ali ibn Abi Talib），這四個人在位時為「正統阿里發時期」。現在的「伊斯蘭國」將他們的領袖封為哈里發，讓這個制度復活。

黨派後來因此被稱為「什葉派」。

相對的，「遜尼派」的「遜尼」一詞，則是慣例、傳統之意。遜尼派的想法是：「血統不重要，只要遵從習慣就好。」信仰伊斯蘭教的人當中，以遜尼派占多數，有85％的教徒屬於此派。

反之，只承認阿里和阿里後代子孫是穆罕默德繼承人的什葉派，則是伊斯蘭教徒中的少數份子，僅占15％。由於阿里的兒子娶了波斯薩珊王朝的公主，因此什葉派主要得到的是伊朗的支持。

遜尼派十分重視《可蘭經》中「禁止偶像崇拜」的教誨，然而，什葉派不大拘泥於此點。這也說明了為何伊朗所到之處皆能看到領袖的肖像畫，因為伊朗國民多數是什葉派。

穆罕默德死後，伊斯蘭勢力不斷擴張，因此出現了眾多的「非阿拉伯人」伊斯蘭教徒，包括了伊朗人、土耳其人、柏柏人（Berbers）等等。

重點在此！

✸ **遜尼派占伊斯蘭教徒的85％屬於主流派，重視的是常規。**

✸ **什葉派占伊斯蘭教徒的15％屬於少數份子，重視的是穆罕默德的血統。**

什葉派與遜尼派的對立關係

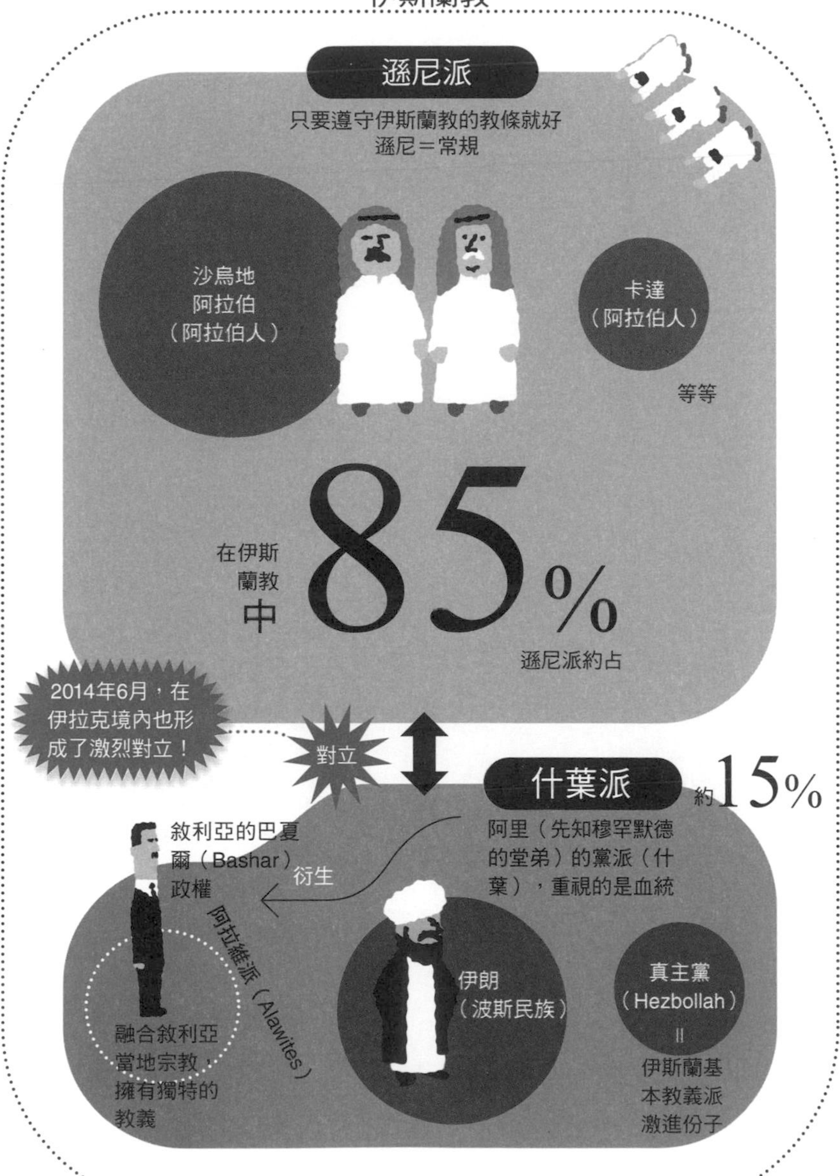

伊朗與沙烏地阿拉伯的人種、教派皆不同

「遜尼派」和「什葉派」同為伊斯蘭教徒，卻關係惡劣。不僅如此，「阿拉伯人」和「波斯人」雖同處中東地區，卻互相對立。

伊朗人並非阿拉伯民族，而是屬於「波斯人★」，他們是昔日雄霸東方的波斯帝國後裔。雖然同為伊斯蘭教徒，但他們會覺得「別把我們跟阿拉伯人混為一談」。

其實伊朗人內心是有點瞧不起阿拉伯人的。「伊朗」一詞意指「雅利安人（Aryan）的國家」。而「雅利安」一詞意味著「高貴之人」。因此，伊朗人非常以自己國家的歷史為傲，對於其他阿拉伯各國則是抱著不願與之為伍的心態。而且伊朗是什葉派的國家。由於在人種和教派上，都與阿拉伯各國不同，使得伊朗更被孤立。

★波斯人　居住於以現今的伊朗為中心的區域，以波斯語作為母語的人群。波斯人受阿拉伯人統治，開始信奉伊斯蘭教後，就從抗爭意識轉成了「什葉派」。

★雅利安人　指「印歐人」。原本是在中亞以畜牧為生的人，後來分成了兩支族群，一支向歐洲移動，一支定居於印度、伊朗一帶，又稱「印度——伊朗人」，但這並非用來表示特定的民族。德國是屬於「歐裔」的雅利安人，從希特勒以「雅利安」一詞來形容「高貴」來看，由此可知當時雅利安人是用來指稱非猶太裔白人。

其實仔細想想，波斯人、敘利亞人與埃及人，分別是波斯文明、羅馬文明、埃及文明的創造者，三者都曾建立起世上屈指可數的高度文明古國。

所以，即使同是穆斯林（伊斯蘭教徒），身為阿拉伯人的埃及人，其實也會覺得「別把我們跟阿拉伯半島上的土包子混為一談」。

沙烏地阿拉伯為遜尼派大國，恪守嚴格的伊斯蘭戒律

先知穆罕默德出生於麥加，此處位在現今的沙烏地阿拉伯。而因為伊斯蘭教的兩處聖地麥加和麥地那，都在沙烏地阿拉伯境內，所以沙烏地阿拉伯人非常以此為傲。

沙烏地阿拉伯是遜尼派國家，但他們遵奉的，又是遜尼派中戒律更為嚴苛的「瓦哈比派（Wahhabism）」。實質上，瓦哈比派的教義才是他們的「國教」。

他們認為必須信奉《可蘭經》中的每一字、每一句，在現世中應當時時刻刻把真神放在心上，而且不只禁止喝酒，甚至禁止一切娛樂，包括音樂、跳舞、電影等等，原因是「會讓人一不小心就忘記了真神」。他們的想法是「等進了天堂再開始享樂」。

沙烏地阿拉伯厲行男女隔離，而且做得比其他伊斯蘭教國家都來得徹

底。對女性的規定也十分嚴格。

因為他們認為女性應該受到男性的保護，所以女性不能在外工作；除了家人以外，女性不得讓任何男性看到自己的外貌。女性外出時，必須身穿名為「阿拜亞（Abaya）」的黑色長袍，頭戴名為「尼卡布（Niqab）」的罩紗，將全身遮蓋起來。此外，一定要有男性陪同才能外出。

要是女性沒有遮蓋住臉部或身體就出門，或是未婚女性跟家人以外的男性走在一起的話，就會被街上巡邏的「宗教警察」逮捕。

女性也不能開車。一九九〇年，有四十七名沙烏地阿拉伯女性，大膽地將十五輛汽車開上街頭示威抗議，結果卻是立刻遭到逮捕。

沙烏地阿拉伯沒有法律，也沒有國會、立法院。因為神的指示就是人必須遵守的一切。當然，國民也不可能透過選舉，選出人民的代表。

再者，沙烏地阿拉伯基本上是不接受觀光客的。

重點在此！

✸ 遜尼派和什葉派雖然同為伊斯蘭教徒，卻關係惡劣。

✸ 什葉派的代表國家是伊朗。遜尼派的代表國家是沙烏地阿拉伯。

遜尼派的代表大國——沙烏地阿拉伯

伊斯蘭基本教義派常有激進暴力行為。什麼是伊斯蘭基本教義派？

發動911恐怖攻擊、炸毀巴米揚大佛雕像的，都是伊斯蘭教徒。難道說《可蘭經》容許恐怖行動？

★伊斯蘭基本教義派　原本指「試圖將伊斯蘭教原初教義，運用在現代社會中的激進主義」。實際上，他們的主要工作是建立清真寺、經營學校、公益活動等等，所以「伊斯蘭基本教義派＝恐怖份子」是不正確的想法。

★巴米揚的大佛雕像　二〇〇一年，位在阿富汗巴米揚的兩尊大佛雕像，遭塔利班（Taliban）摧毀，理由是佛像的存在違反了伊斯蘭教禁止的「偶像崇拜」。

最近，經常可以在新聞中聽見「伊斯蘭基本教義派」、「伊斯蘭激進份子」等名詞。

每當恐怖攻擊發生，大家就會開始猜測：「這又是伊斯蘭基本教義派幹的吧？」伊斯蘭基本教義派份子確實也進行過許多激進活動，像是二〇〇一年的911恐怖攻擊事件，以及炸毀阿富汗巴米揚（Bamiyaan）的大佛雕像等。

然而，所謂「伊斯蘭基本教義派」的原本訴求，其實是「按照伊斯蘭原本的教義生活」。也就是說，它是一個要求嚴格實踐伊斯蘭教法，以端正社會風氣的伊斯蘭復興運動，絕對不是以暴力為訴求。

由於基本教義派發起的許多活動都是在幫助貧困者，因此贏得了多數民眾的支持。

問題是，進行這項復興運動的群眾中，有一小部分人的想法是「為了實現這個理想，就算『使用武力』也在所不惜」。

「吉哈德」意指「為伊斯蘭而努力」

《可蘭經》中有一段這樣的記載：「你們當為安拉之道反擊進攻你們的敵人，但你們不要主動行不義之事。阿拉絕不喜歡不義之人。」（摘自《可蘭經》第二章[1]）

「如果你們（在戰場上）死亡或是被殺，你們就會被集合到安拉那裡。」（摘自《可蘭經》第三章[2]）

被稱為伊斯蘭基本教義派份子、伊斯蘭激進份子的人，就是根據《可蘭經》的這一段記述，而認定他們的恐怖攻擊和破壞行為，是為了保護伊斯蘭教的教義而進行的「聖戰」，又稱「吉哈德（Jihad）」。

他們還認為，為了伊斯蘭教戰死，就能立刻上天堂。

「吉哈德」一詞原本的意思是指「為伊斯蘭而努力」。其實，遵照伊斯

1 《可蘭經》2:190。
2 《可蘭經》3:158。

蘭教的教條而行動，就是吉哈德。因此，一邊想說「每天都一定要進行五次禮拜，可是早起好痛苦」，一邊努力早起，這就是吉哈德。又或者是，一到齋戒月就有長達一個月的時間，白天完全不能進食，這時雖然餓得發慌，但還是告訴自己要忍耐，這也是吉哈德。

此外，在異教徒攻進伊斯蘭的領土時，保護伊斯蘭的領土，這也是吉哈德。為了防守而戰，就是吉哈德。但《可蘭經》中提到「你們不要主動行不義之事」，因此若忠於《可蘭經》的教義的話，就不能主動發起攻擊。「只有為了防守」而戰，才能稱為吉哈德。

然而，在中東紛亂的情勢中，「復興主義」開始因部分的人而變質，才會逐漸變為「基本教義派」、「激進份子」。

請別忘記，真正的伊斯蘭教是愛好和平的宗教。

重點在此！

✸ 真正的伊斯蘭教是愛好和平的宗教。

✸ 吉哈德是指「為伊斯蘭而努力」。

因恪守伊斯蘭教的教義，結果才轉變成激進行為？

遵照伊斯蘭教的教條而行動

吉哈德原本的意思是
「為了伊斯蘭而努力」
進行禮拜和禁食也是吉哈德

聖戰
（吉哈德）

為了防守而戰也是吉哈德
↓
若忠於《可蘭經》的教義
就不該主動發動攻擊
但是……

現在也有部分教徒展開了激進的行動
（真正的伊斯蘭教是愛好和平的宗教）

位於阿富汗巴米揚的大佛雕像。是佛教徒鑿成的雕像，卻遭到伊斯蘭教的激進份子塔利班摧毀。

拍攝：每日新聞社／Aflo

猶太人與阿拉伯人對立。什麼是所謂的中東問題？

巴勒斯坦地區素有「中東的火藥庫」之稱。此處的戰爭史漫長，且至今仍紛爭不斷的原因為何？

「中東問題」屢屢成為國際政治情勢上的大憂患；「中東問題」又別稱「巴勒斯坦問題」。

這究竟是個什麼樣的問題呢？

直到兩千年前，巴勒斯坦這個地方都是由猶太人（猶太教徒）建立的王國所統治。他們的大衛王、所羅門王，想必大家應該耳熟能詳。

根據猶太人的經典《律法書》記載，過去巴勒斯坦被稱為「迦南地」，上帝曾對猶太人的先祖說：「我要把這地賜給你的後裔。」因此這裡是上帝賜給猶太人的「應許之地」。

但猶太人的王國最後為羅馬帝國所滅，猶太人被逐出此地，流亡世界各

★大離散　猶太人曾在巴勒斯坦建立起自己的王國。但這個王國在耶穌基督被行刑後不久，就遭羅馬帝國所滅，連猶太人的聖殿也遭破壞。猶太人從此散居世界各地，而這次種族流亡，在歷史上就稱為「大離散」。

地，史稱「大離散（diaspora）★」。

猶太人被驅逐後過了數百年，這裡就成了信奉伊斯蘭教的阿拉伯人定居的地方。

第二次世界大戰後的以色列建國讓對立愈演愈烈

另一方面，因大離散而流亡歐洲的猶太人★，在基督教社會中飽受歧視。因為中世紀的歐洲人一看到猶太人就想到「猶太人把耶穌基督釘在十字架上」，所以他們受盡迫害。

尤其在第二次世界大戰時期，納粹德國屠殺了大量的猶太人，這段歷史大家一定都曾聽過。

不只德國境內，連居住在波蘭、荷蘭的猶太人，都被送進了集中營，據說約有六百萬人遭到殺害。各位讀者之中，或許有人讀過安妮・法蘭克所寫的《安妮日記》。這本書在世界各國出版後，引發世人對猶太人的同情。

猶太人自己也開始思考：「我們之所以遭受迫害，是因為沒有屬於自己的國家，那就來再重新建一個自己的國家吧！」

他們自然而然地想到：「那就回到上帝應許的『迦南地＝巴勒斯坦』吧！」並發起了返回故土的運動，史稱「錫安主義運動（Zionism Movement）」。

★猶太人在這之後的歷史　許多被迫流亡的猶太人選擇北遷，也就是移居歐洲。但整個歐洲逐漸化為基督教的世界，而在基督教世界裡，猶太人受盡不合理的歧視，最後連一般的正常工作都找不到。於是他們只好當起放債人，因為這在歐洲中世紀被認為是卑賤的職業。在這些從事放債的猶太人中，有些人因從事這樣的金融業而致富，這又使他們愈來愈受厭惡。接著，在第二次世界大戰期間，希特勒對猶太人進行大屠殺。

國際社會也十分支持這個復國行動。

但是，雖然復國運動取得國際的支持，巴勒斯坦地區早已住著許多信奉伊斯蘭教的阿拉伯人。

因此，聯合國在一九四七年十一月，開會通過「巴勒斯坦分割方案」，決議將巴勒斯坦分割成兩個國家，一邊屬於阿拉伯人，一邊屬於猶太人。

分割後，巴勒斯坦的耶路撒冷同時擁有猶太教、基督教和伊斯蘭教的聖地。也就是說，在一平方公里的舊城裡，同時聚集了三個宗教的聖地。

聯合國提議把耶路撒冷，並交由聯合國管理，並定為「耶路撒冷獨立個體（corpus separatum）」。翌年五月十四日，猶太人就在聯合國劃給他們的「猶太人的土地」上，建立起了自己的國家——「以色列」。

以色列的建國和聯合國對耶路撒冷的管理，後來成了中東問題的導火線，問題延燒至今。

以色列的國旗。

重點在此！

- ✸猶太人曾在巴勒斯坦建立過自己的王國，直到兩千年前被滅國。
- ✸猶太人在應許之地建立獨立國家「以色列」。

整理一下以色列與周邊國家的地緣關係

以色列建國是導火線引爆了以阿戰爭

「以色列」建國隔天，周圍的阿拉伯各國對以色列發動攻擊。這就是「第一次以阿戰爭」的開端。

以色列建國，對於當時住在該地信奉伊斯蘭教的阿拉伯人而言，絕不是件愉快的事。因為自己的土地上竟然來了一群異教徒，還建立起了他們自己的國家。

以色列建國的第二天，周圍的阿拉伯各國組成阿拉伯聯軍，進攻以色列。參加聯軍的是埃及、敘利亞、約旦、黎巴嫩、伊拉克五國。

後來，又引發了多次以阿戰爭（以色列——阿拉伯戰爭，又稱以阿衝突、中東戰爭），光是大型的衝突就發生過四次。

第二次以阿戰爭中，英、法兩國暗中與以色列聯手，幫助以色列攻擊埃及，這是由於埃及將蘇伊士運河納為國營事業，觸怒了英國和法國。

第三次以阿戰爭是以色列察覺埃及、約旦又或敘利亞正打算發動攻擊，因此先發制人。以色列在這場戰役中，一舉奪下了埃及的西奈半島和敘利亞的戈蘭高地。此時，以色列不只占領了耶路撒冷西側，也將東側據為己有，同時宣布：「耶路撒冷是以色列的首都。」

此後，以色列就將首都移至耶路撒冷，但國際社會並不承認這件事。

以色列與巴勒斯坦曾締結過歷史性的協議

由於以阿戰爭的烽火連綿，使得許多伊斯蘭教徒被逐出巴勒斯坦，這些人被稱為「巴勒斯坦難民」。

中東問題說穿了，就是阿拉伯人與猶太人之間的搶奪地盤之爭。

其後，巴勒斯坦人與猶太人仍是一個要求「把土地還來」，一個主張「這裡是上帝賜予我們的土地」，兩方衝突一再上演。

一九六四年，巴勒斯坦人覺得不能繼續這樣下去，成立了巴解組織（巴勒斯坦解放組織）。這是由阿拉伯各國一起成立的溫和組織，旨在「透過雙邊對談一起解決問題」。

然而，一九六九年，亞西爾・阿拉法特（Yasser Arafat）★成為領導者之後，巴解組織一改舊有方針，瞬間變成「為奪回巴勒斯坦，不惜使用武力」

★巴解組織　巴勒斯坦解放組織（Palestine Liberation Organization）的簡稱。成立初期是一個溫和的組織，由土地被以色列所占領的阿拉伯人建立，目的是發起奪回巴勒斯坦的運動。但在亞西爾・阿拉法特（Yasser Arafat）加入後，就轉變成向以色列開戰的組織。

的組織。阿拉法特在巴解組織中掌握實權，使其轉變成一個激進組織，同時在世界各地展開了「反以色列」的恐怖行動。

後來，以色列和巴勒斯坦雙方締結了一項歷史性的協議。也就是一九九三年八月的「奧斯陸協議」（Oslo Accords）。挪威邀請以色列和巴勒斯坦的代表前來挪威首都奧斯陸，並努力促使雙方達成這項協議。為了讓兩國締結和平協議，美國、挪威都在檯面下努力遊說以色列。

協議的結果是，以色列暫時將住有大量巴勒斯坦人的約旦河西岸地區和加薩走廊設為自治區，承認巴勒斯坦人在該地的自治權。

★阿拉法特主席　阿拉伯各國在第三次以阿戰爭中慘遭滑鐵盧後，一九六九年，阿拉法特當上了巴解組織的主席。早在埃及就讀開羅大學時，他就成立了巴勒斯坦學生聯合會，並展開「巴勒斯坦民族解放運動」。阿拉法特當時認為：「對以色列發動恐怖攻擊的話，以色列一定會報復，如果以色列報復阿拉伯各國，就會加深他們對以色列的反感，因而再度開戰。那麼，我們就有機會在這場戰爭中打敗以色列，建立起屬於自己的巴勒斯坦國家。」

重點在此！

✸以色列的建國造成了巴勒斯坦難民潮。

✸阿拉法特主席原本是「恐怖份子」。

以色列和巴勒斯坦雖然達成了歷史性的協議……

關於巴勒斯坦問題的重大事件

1947年	聯合國通過了「巴勒斯坦分割方案」。
1948年	以色列宣布建國。翌日爆發第一次以阿戰爭。
1956年	第二次以阿戰爭
1967年	第三次以阿戰爭
1973年	第四次以阿戰爭
1981年	埃及總統沙達特遭暗殺。
1993年	奧斯陸協議
1995年	以色列總理拉賓遭暗殺。
2004年	巴解組織主席阿拉法特去世。

1993年8月的奧斯陸協議。握手的兩人，左為以色列總理拉賓，右為巴解組織主席阿拉法特。在中調停的是美國總統柯林頓（皆為當時職位）。

拍攝：路透社／Aflo

主席阿拉法特死後巴勒斯坦自治區分裂成兩股勢力

在巴勒斯坦西側的阿拉伯人，逃至加薩走廊向埃及尋求支援在東側的阿拉伯人則逃入被約旦占領的約旦河西岸地區。

以色列自一九六七年起占領的約旦河西岸地區和加薩走廊，被設為巴勒斯坦人的自治區，背後所蘊含的意義其實是：未來要讓巴勒斯坦人在此建國。然而其後，因為以色列向巴勒斯坦自治區發動了攻擊，以色列和巴勒斯坦間的情勢又再度緊繃。

另一方面，巴勒斯坦在強人型的超級領袖阿拉法特主席過世後，產生了嚴重分裂。

巴解組織內部分成各式各樣的派系，從溫和派到激進派，不一而足。阿拉法特所率領的「法塔赫（Fatah）★」，屬於溫和派，其宗旨是要摸索出與以色列的共存之道；但另一方面，也存在著名為「哈馬斯（Hamas）★」的激進派，他們壓根不打算與以色列共存。「哈馬斯」是取阿拉伯語中「伊斯蘭

★法塔赫　巴解組織中的主流派組織。一九八八年，轉為承認以色列存在的組織；在一九九三年的奧斯陸協議後，採取了與以色列進行和談的立場。一言以蔽之，他們是「會貪污的鴿派」。

★哈馬斯　由阿哈馬德・亞辛（Ahmed Yassin）為抵抗以色列占領而創設的組織。當時，亞辛是埃及的伊斯蘭組織「穆斯林兄弟會」在加薩走廊的領導者。此組織不斷對以色列進行武力攻擊。一言以蔽之，他們是「清廉的鷹派」。

抵抗運動」一詞的字首縮寫。在此之前，激進派一直是被主席阿拉法特抑制。

巴勒斯坦自治政府一分為二

建立巴勒斯坦自治政府時，法塔赫雖然位居主流，但卻十分腐敗。歐盟（歐洲聯盟）、日本都對巴勒斯坦自治區的設立，提供了龐大的援助，但其中多數都被法塔赫的幹部們拿去中飽私囊。比方說，加薩走廊是一個臨地中海、景色優美的渡假勝地，那裡建起了一棟又一棟有白色外牆的豪宅，這些全都是法塔赫幹部的個人宅邸。歐盟捐贈的高級汽車，也都成了法塔赫幹部家屬的私用車。

巴勒斯坦居民看到這些行徑後，自然逐漸失去對法塔赫的信賴。

反之，哈馬斯雖然是伊斯蘭基本教義派的激進份子，但他們平時做的卻是開診所照顧病人、舉辦慈善活動等。這樣的反差反映在後來的選舉結果上，約旦河西岸地區依舊受到哈馬斯的支配，但在加薩走廊，哈馬斯得到壓倒性的支持。這場選舉導致巴勒斯坦自治政府一分為二，雙方水火不容，過去長期處於各自為政的分裂狀態。

簡單來說，法塔赫是腐敗的鴿派[3]，哈馬斯則是清廉的鷹派[4]。

3 鴿派：政治用語，指採取柔性、溫和方式處理外交與國家事務的人或團體。

4 鷹派：鴿派的反義詞，指採取激進、強勢的方式處理外交與國家事務的人或團體。

順帶一提，美國和以色列都認定哈馬斯為恐怖份子。哈馬斯統治的加薩走廊，過去頻頻發生用自製飛彈攻擊以色列的事件，以色列也會不甘示弱地對加薩走廊進行報復性攻擊。

然而，二〇一四年時，法塔赫與哈馬斯達成和解，兩方決定攜手建立聯合政府。此舉使以色列勃然大怒，他們向法塔赫抗議：「別跟那幫恐怖份子合作！你們要是聯手，我們就要中斷以巴和談。」

所謂以巴和談，指以色列和巴勒斯坦之間的和平會談。在美國總統歐巴馬的居間調解下，以色列和巴勒斯坦曾經朝「兩國共存」的方向進行會談。但法塔赫與哈馬斯的和解，使得以巴和談一筆勾銷。中東問題已從一九四七年持續至今，要讓以巴雙方達成共識看來不是件那麼容易的事。

重點在此！

✸ 以色列和阿拉伯各國之間發生了四次戰爭。

✸ 中東問題仍懸而未決。

巴勒斯坦問題、猶太人與阿拉伯人間對立的經緯

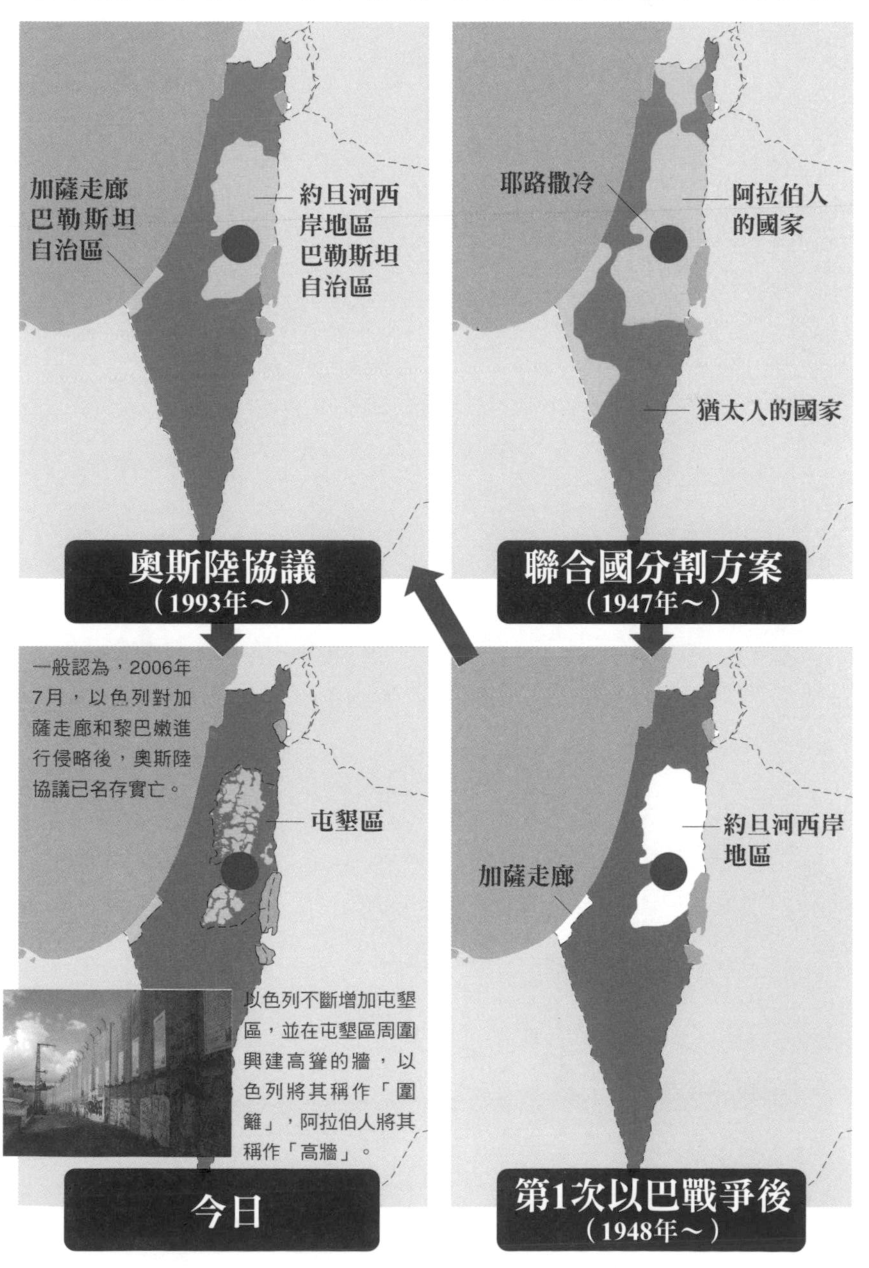

一般認為，2006年7月，以色列對加薩走廊和黎巴嫩進行侵略後，奧斯陸協議已名存實亡。

以色列不斷增加屯墾區，並在屯墾區周圍興建高聳的牆，以色列將其稱作「圍籬」，阿拉伯人將其稱作「高牆」。

讓中東陷入紛亂的是當初英國的「三面外交手法」

讓現在的中東問題變得如此複雜的原因其實來自英國？第一次世界大戰時期，英國使用了什麼樣的「三面手法」？

★第一次世界大戰　第一次世界大戰開戰以前，包含巴勒斯坦的阿拉伯地方，都屬於鄂圖曼帝國的領土。第一次世界大戰是奧匈帝國和德國所屬的「同盟國」，對上英法俄所屬的「協約國」的戰爭，鄂圖曼帝國因為加入了「同盟國」陣營，所以戰敗後喪失了大片領土。

歸根究柢，為中東問題種下禍因的其實是英國。

過去，猶太教徒和伊斯蘭教徒的生活較為和平，雙方是在第一次世界大戰後才開始嚴重對立。

回顧近代早期的歷史，十九世紀是帝國主義與殖民主義的時代。當時歐洲陷入嚴重的經濟不景氣，失業人口攀升，整體人口也過多。於是他們想到的解決之道，就是進入亞洲、非洲，把當地化作殖民地來統治，藉此開闢市場，拓展領土。

著名的塞西爾・羅德斯[5]（Cecil John Rhodes）出生英國，後來在南非殖民地成為政治家，他曾說過：「可以的話，我想併吞整個地球。」

耶路撒冷一帶的巴勒斯坦，當時由鄂圖曼帝國統治。第一次世界大戰中，英國與鄂圖曼帝國交戰，因為巴勒斯坦位處連結英國與其殖民地的地帶，所以無論如何英國都想得到這塊土地。

英國盤算著既然要打倒鄂圖曼帝國，最好能先壯大對抗鄂圖曼帝國的勢力，所以他們使用了比「雙面手法」更上一層樓的「三面手法」來挑撥離間。

霸權國家英國的恣意妄為導致問題發生

首先，英國煽動鄂圖曼帝國裡的阿拉伯人，對他們說：「如果你們助我們發動革命，等鄂圖曼帝國垮台，你們就可以在這建立自己的獨立國家。」於是，阿拉伯人相信了英國的話，使對鄂圖曼帝國發動革命。此時率領阿拉伯軍起義的，就是「**阿拉伯的勞倫斯★**」。

另一方面，英國又與法國締結秘密協定**（賽克斯——皮科協定）★**，承諾法國說：「打贏之後，我們一起來瓜分鄂圖曼帝國的土地。」

後來，英國因為戰爭拖太久、資金耗盡，只好轉而向猶太人借錢。這時英國又答應猶太人：「戰爭結束後，你們就可以在過去所居住的巴勒斯坦，建立自己的家園。」

英國順利成為第一次世界大戰的戰勝國，取得了巴勒斯坦。這時世界各地的猶太人也向巴勒斯坦蜂擁而來。

5 塞西爾・羅德斯（Cecil John Rhodes）：跨國礦業戴比爾斯（De Beers）的創辦人，該公司的知名標語為：「鑽石恆久遠，一顆永流傳（The Diamond is Forever）」

★**阿拉伯的勞倫斯**　英國認為，只要鄂圖曼帝國境內的阿拉伯人發動革命，就能削弱其的力量。因此，英國向守護伊斯蘭教聖地麥加的威望者海珊（Hussein bin Ali）承諾：「如果你們幫助英國，就能在第一次世界大戰結束後，建立屬於阿拉伯的獨立國家。」海珊聽信英國人的話，發動了「阿拉伯起義」。英國派遣湯瑪斯・愛德華・勞倫斯上校（Thomas Edward Lawrence），擔任英國與阿拉伯軍之間的連絡官。勞倫斯上校的事蹟還曾拍成電影《阿拉伯的勞倫斯》（Lawrence of Arabia, 1962）。但戰後，英國並未遵守與阿拉伯的承諾，對此感到失望的勞倫斯選擇自軍中退伍。

★**英國與法國的秘密協定**　戰後，鄂圖曼帝國的領土由英、法兩國瓜分的秘密協定，史稱「賽克斯——皮科協定」（Sykes-Picot Agreement）。自稱「伊斯蘭國」（參照111頁）的組織提出的訴求，就是要打破「賽克斯——皮科協定」遺留的體制。

這時，阿拉伯人就覺得：「怪了，怎麼會有大一群異教徒湧入我們居住的土地？」想當然耳，接下來自然是紛爭不斷。接著，第二次世界大戰又毫不留情地展開了。

二戰結束後，阿拉伯人和猶太人的對立日益嚴重，但英國已在戰爭中消耗了大量國力，於是一九四七年，英國雙手一攤，把巴勒斯坦的問題丟給聯合國處理。而這個惡果就這樣一路延燒至今日。但以色列只是一個剛誕生的國家，為何能在以阿戰爭中節節勝利呢？

當時阿拉伯人是騎著馬、揮著刀打仗。相較之下，以色列則有許多人在第二次世界大戰中，以英國士兵的身分參戰，對戰爭經驗老到。他們預測到「之後可能會跟阿拉伯人起衝突」，因此事先向歐洲購入了大量的武器，其中還包括坦克車。

馬匹和坦克車交戰，孰勝孰敗，高下立判。

然而中東問題，說到底，其實是英國造成的。

重點在此！

✵英國渴望得到巴勒斯坦，在外交上使用了「三面手法」。

✵第一次世界大戰使得鄂圖曼帝國崩解，阿拉伯世界分裂。

事情是從第一次世界大戰開始的！

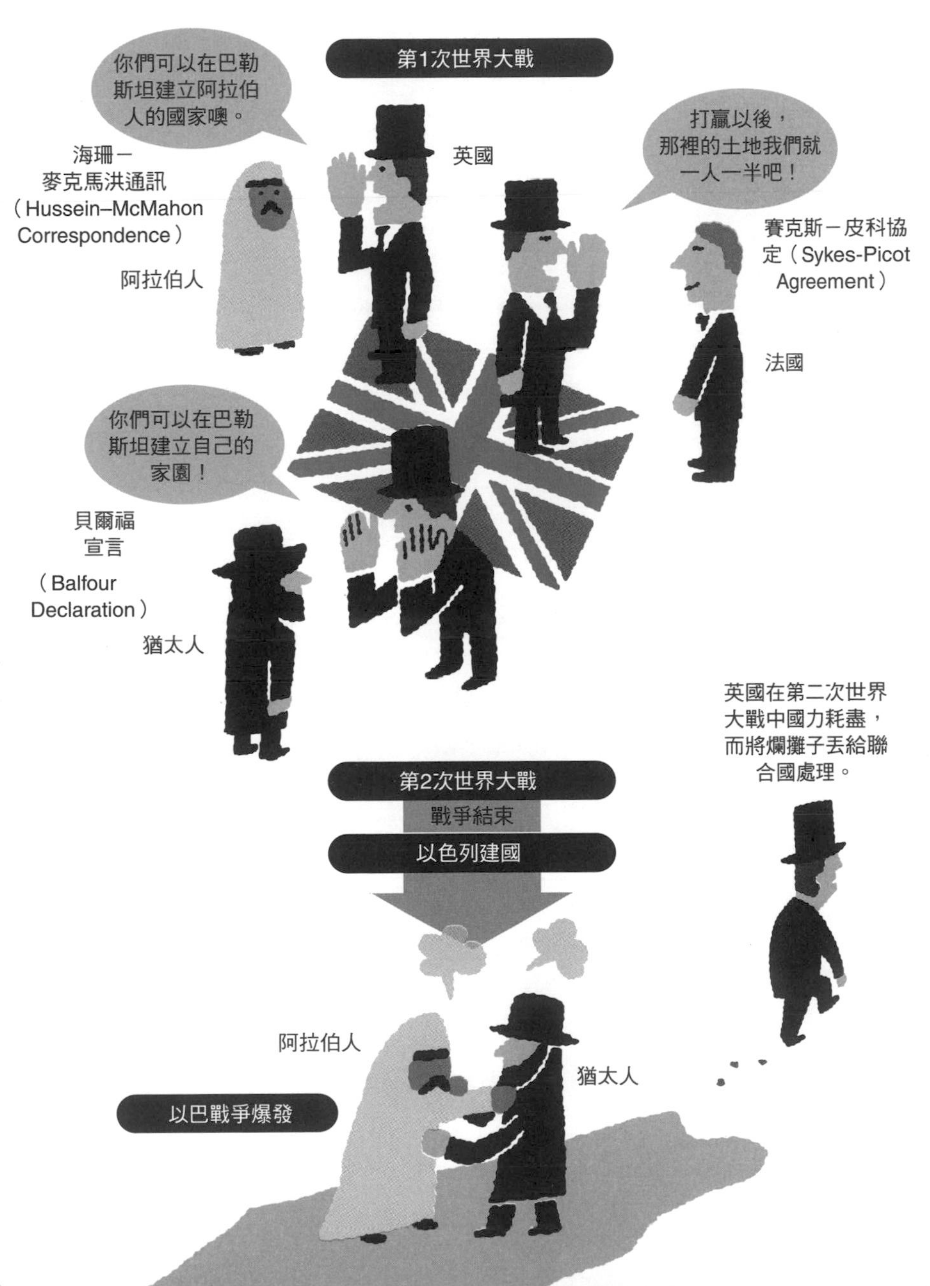

中東有哪些人得過諾貝爾和平獎？

中東有哪些人得過諾貝爾和平獎？

回顧諾貝爾和平獎的歷史，就會看到人們為了消弭戰爭、衝突、貧困、疾病而做出的種種努力。

諾貝爾和平獎的頒發是基於什麼樣的標準呢？事實上，是根據諾貝爾的遺言──「為了促進國與國的互愛、廢除或裁減軍備，又或籌辦或宣傳和平會議，而盡到最大努力或作出最大貢獻的人」（引自《諾貝爾和平獎》〔河合出版〕）來頒發的。

我們就來看看，中東出過哪些諾貝爾和平獎得主。

1994年，和平獎出現了史上首次的三人同時獲獎。得主分別是巴勒斯坦的亞西爾・阿拉法特（Yasser Arafat）、伊扎克・拉賓（Yitzhak Rabin），來自以色列，以及同樣來自以色列的希蒙・佩雷斯（Shimon Peres）。

1993年，巴解組織和以色列就開始朝著和平的方向邁進，使得這三人獲頒了和平獎。

三位得主之中，最令人感動的就屬拉賓的得獎致詞。

他說：「我們現在正在建構和平的途中。就連我們在此地聚首的這個夜晚，這項工程的設計者和工程師們，仍在不眠不休地工作著。這項工程十分困難、十分複雜，也非常勞心勞力。而且，只要有一點點閃失，就可能動搖整個設計，讓我們身陷巨大的災難。」

正如其所言，要實現「奧斯陸協議」有多麼困難，端看以色列和巴勒斯坦的現狀就能得知。

得獎隔年，拉賓在特拉維夫參加和平紀念會時，遭到同樣身為猶太人的神學校學生暗殺。

接下來得獎的人是在納瑟（Gamal Abdel-Nasser）猝死後就任為埃及總統的安瓦爾・沙達特（Anwar Sadat）與以色列首相梅納赫姆・比金（Menachem Begin）宣誓：「埃及和以色列絕不再掀起戰爭。」兩人在1978年獲頒和平獎。

而2003年頒發的和平獎則被稱為「連本人都感到驚訝」，得主是伊朗的希林・艾巴迪（Shirin Ebadi）。

身為女性律師的她，為改善女性與兒童的弱勢處境，從事推動修法以保護人權的活動。她是伊斯蘭史上第一位獲頒和平獎的女性伊斯蘭教徒。

然而，2009年11月，她放在銀行保險箱裡託管的和平獎獎章及獎狀，卻遭到伊朗當局沒收，因為艾巴迪做出了批判政府的行為，這也是史上頭一遭諾貝爾獎的獎章和獎狀遭國家沒收。

2014年獲頒諾貝爾和平獎的是，在巴基斯坦為推動女性教育而奔走的馬拉拉・尤沙夫賽（Malala Yousafzai）。
拍攝：路透社／Aflo

第3章

伊斯蘭與世界的對立

伊斯蘭與歐美各國對立。造成對立背後的重大問題為何？

01 特殊的伊斯蘭國家。伊朗在中東地區孤立無援？

02 伊朗伊斯蘭革命的爆發。何梅尼這個人究竟做過什麼事？

03 伊斯蘭內的宗教對立？為何發生兩伊戰爭？

04 伊拉克總統海珊侵略科威特的藉口

05 震撼全球的賓拉登究竟是何方人物？

06 阿富汗紛爭後的混亂。何謂「塔利班」？

07 自美國911恐怖攻擊事件後僵持不下的伊拉克戰爭──

拍攝：AP／Aflo

特殊的伊斯蘭國家。伊朗在中東地區孤立無援？

在中東顯得有些「特立獨行」的伊朗，究竟和周圍的伊斯蘭國家有何不同？伊朗和日本的關係又是如何？

第二章提及了伊朗在中東地區之所以容易受到孤立，是因為它是個「波斯民族什葉派」國家。事實上，鄰國伊拉克也是什葉派占人口多數的國家，但伊拉克是「阿拉伯民族什葉派」國家。有97%的國民是伊斯蘭教徒，其中「阿拉伯民族什葉派」占50%，阿拉伯民族遜尼派占25%，庫德族遜尼派占20%。什葉派和阿拉伯半島原本的伊斯蘭教（遜尼派）不同。

仔細想想，伊朗是波斯文明的發祥地，伊拉克則是幼發拉底河和底格里斯河流經的兩河流域文明的發祥地。伊斯蘭教誕生的七世紀前後，兩地的文明發展已遠遠超出伊斯蘭教發祥地的阿拉伯半島。當時，他們自然也各自擁有自己的宗教觀。

什葉派的人們雖然接納了伊斯蘭的體制，但仍保有自己的宗教觀。或許

★波斯文明　自西元前五五九至西元六五一年，建立起龐大帝國的波斯人。第一個創造出繁榮盛況的是阿契美尼德王朝（Achaemenid Empire），遺跡留存至今的波斯名城波斯波利斯（Persepolis），就是建立於這個時代。西元前三世紀左右，阿契美尼德王朝滅亡，原本在伊朗東北部的伊朗裔遊牧民族在此建立安息帝國（Parthian Empire）。他們與當時的中國開始了商業貿易，並形成了連結兩地的絲綢之路。薩珊被視為阿契美尼德王朝末代國王的後裔，他打敗了安息帝國，重新建立波斯薩珊王朝。波斯薩珊王朝的特色是國家受瑣羅亞斯德教（又被稱

這也說明了，為什麼每當遜尼派發起伊斯蘭基本教義派式的運動，呼籲大家「回到伊斯蘭教的原點」時，什葉派就會遭到攻擊。

尤其，伊朗又可說是完全不同於其他中東鄰近國家。在伊朗，不但有愈來愈多女性踏入社會，在都會區還能看到穿著牛仔褲在路上昂首闊步的年輕女性。與其他女性幾乎足不出戶的阿拉伯國家相較之下，伊朗的女性似乎沒有受到太大的壓抑。

位在中東卻具有亞洲色彩的國家

在伊朗的城市中，四處都能見到聖廟（Dargah），也就是用來祭祀伊斯蘭教聖人的陵墓。因陵墓十分雄偉，所以信徒也會來此參拜，他們會將寫著願望的紙條綁在聖廟中的某處，願望實現後就會再回來聖廟還願。這種使用許願條的方式非常「亞洲風」吧？伊朗人的許願方式違反了原本的伊斯蘭教教義，這種事絕對不可能出現在遜尼派的世界裡。其實，伊朗人在宗教觀上，比起阿拉伯人反而更類似日本人。

一九七九年二月，在一個這麼「我行我素」的伊斯蘭教國家中，爆發了一場「伊朗伊斯蘭革命（Iranian Revolution）」。這場革命的訴求是「回到伊斯蘭教的原點，建立一個政教合一的國家」。

到底發生了什麼事？這要從十九世紀說起。

★兩河流域文明　又稱美索不達米亞文明。西元前三五〇〇年左右，位於現今伊拉克的所在之處，當時的人利用幼發拉底河和底格里斯河之間肥沃的沖積平原和三角洲，經營起世界最早的農業，使兩河流域文明欣欣向榮。誕生於底格里斯河沿岸的兩河流域文明，位處於兩大文明的中間地帶，一個是尼羅河的古埃及文明，另一個是西印度的印度河流域文明，因此成為經濟、政治與文化上最重要的交會點，換言之就是世界的心臟。這個伊拉克地區之後受到波斯帝國的長期統治，七世紀後又相續被納入阿拉伯帝國、蒙古帝國、鄂圖曼帝國的版圖。

十九世紀初，伊朗被瓜分成英、俄兩國的殖民地。第一次世界大戰結束後伊朗獨立，建立「莫沙德政權」。穆罕默德・莫沙德（Mohammad Mossadegh）是一個民族主義者，積極推動石油公司的國有化，向英國討回石油主導權。當時伊朗的石油資源把持在英國人手中。

石油公司的國有化觸怒了英、美等國。他們開始向全球施壓，禁止各國購買伊朗的石油，伊朗因石油滯銷而備感困擾。這時，開著油輪前往伊朗購買石油的，就是日本的石油公司出光興業（Idemitsu Kosan）。一九五二年，出光興業派出「日章丸」油輪，強行闖入被英國軍艦封鎖的伊朗港口，並成功將石油運回日本，造成了喧騰一時的日章丸事件。最近，此事件在日本因《被稱作海賊的男人》（暫譯，原名《海賊とよばれた男》）一書，再度為大眾所知。出光興業之所以能創下此舉，是因為當時日本石油公司陸陸續續被外資併吞，只有這家公司仍保有一貫的日資。

重點在此！

✷伊朗與周圍的中東國家不同。

✷伊拉克位在經濟、政治、文化的重要交會點。誰都想得到這塊土地。

孤芳自賞的伊斯蘭國家——伊朗

伊朗伊斯蘭共和國

- 面積…約1,648,195㎞^{2}（約日本的4.4倍／台灣的46倍）
- 人口…7,560萬人（2012年，世界人口白皮書）
- 首都…德黑蘭
- 民族…波斯族（其他包括亞塞拜然族、庫德族、阿拉伯民族等）
- 語言…波斯語、土耳其語、庫德語等
- 宗教…伊斯蘭教（主要為什葉派）
  以及基督教、猶太教、瑣羅亞斯德教等

伊斯蘭教禁止偶像崇拜，但在伊朗能看到像這樣的肖像畫。

德黑蘭市內的伊瑪目何梅尼清真寺（Imam Khomeini Mosque）。伊朗是一個處處散發著波斯文明氣息的波斯民族國家。

伊朗伊斯蘭革命的爆發。何梅尼這個人究竟做過什麼事？

雖然常聽到伊朗「國王巴勒維」和「領袖何梅尼」，但他們到底有哪些事蹟？伊朗伊斯蘭革命又是什麼樣的革命？

第二次世界大戰結束後，中東的石油操控在外國資本的國際大型石油公司七姊妹（The Seven Sisters）手裡。所謂的七姊妹是指五家美資公司（埃克森〔Exxon〕、美孚石油〔Mobil〕、加利福尼亞標準石油〔Standard Oil of California〕、德士古〔Texaco〕、海灣石油〔Gulf Oil〕）、一家英荷合資的殼牌公司（Royal Dutch Shell），以及一家英資的英國波斯石油公司（Anglo-Persian Oil Company，現BP）。

後來，伊朗推翻了總理穆罕默德・莫沙德（Mohammad Mossadegh）。其實，這一切都是美國的CIA（中央情報局）在背後幫助反莫沙德的群體發動軍事政變，並扶植一個聽話的國王建立王朝，以利美國自身的石油事業。這場政變建立的，就是「巴勒維王朝」。

★巴勒維王朝　第二次世界大戰結束後，在親美的巴勒維（Mohammad Reza Pahlavi）國王的領導下，伊朗開始導入歐美科技、興建高樓大廈、建設高速公路，國家愈來愈現代化。但結果錢全落入王親國戚和外國公司的口袋，人民的生活一樣窮困。一九七九年，人民的不滿達到高峰，爆發革命。

伊朗在美國的援助之下快速發展，國家不斷「西歐化」。雖然伊朗的經濟不斷進步，但貧富差距卻愈來愈大，導致人民的不滿日益高漲。這時站出來批判國家西歐化的人，就是魯霍拉・何梅尼（Ayatollah Khomeini）。後來，何梅尼被逐出伊朗，流亡法國，但他雖身在法國，卻策動著伊朗國內的反政府勢力。

終於在一九七九年，爆發了一場將巴勒維國王逐出伊朗的革命，這正是「伊朗伊斯蘭革命」。革命成功，何梅尼凱旋歸來，成為伊朗的最高領袖，施行「伊斯蘭教法學家的監護[2]（Guardianship of the Islamic Jurist）」。伊斯蘭基本教義派就此在伊朗展開統治。

特本頭巾的顏色所代表的涵義

什麼是「伊斯蘭教法學家的監護」？

在伊朗，民選的總統之上還存在一位「最高領導」。伊朗革命後，第一任的最高領導是何梅尼。

什葉派是一個將先知穆罕默德的女婿阿里與其子嗣，尊為領袖「伊瑪目（imam）」的教派。阿里之後，先後由兒子海珊及其兄弟當上伊瑪目，但第十二任伊瑪目在年紀尚輕時忽然失蹤。對伊瑪目的失蹤感到困惑的信徒們，

★何梅尼　因領導伊朗伊斯蘭革命，而成為國家最高領袖的伊斯蘭教法學家。在巴勒維國王的領導下，國家日益現代化時，首都德黑蘭已有許多婦女摘下了面紗，但革命發生後婦女們又重新戴上了面紗。

★伊瑪目　阿拉伯語中是指伊斯蘭的「最高領袖」，在《可蘭經》中有「規範」之意。對遜尼派而言，與「哈里發」意思相同。

1 編注：埃克森與美孚兩公司已併購，成為埃克森美孚（Exxon Mobil Corp.），併購後，美孚仍然作為埃克森旗下的主要品牌。

2 編注：或稱「法基赫的監護」（Vilayat-e Faqih）。法基赫（Faqih）就是伊斯蘭教法學家。

有了一個想法：

「伊瑪目將自己隱匿起來了。世界末日來臨的前一刻，第十二任伊瑪目將會再度降臨，並領導人民。」

那第十二任伊瑪目回來之前，該怎麼辦？何梅尼提出了一個理論——由窮究伊斯蘭教教義的「伊斯蘭教法學家」來擔任領袖。這種統治方式稱為「伊斯蘭教法學家的監護」。伊斯蘭革命後，何梅尼基於此理論，登上第一任最高領袖之位，何梅尼死後，阿里・哈米尼（Ali Khamenei）當上了第二任最高領袖。

由上述理由看來，最高領袖是第十二任伊瑪目回來之前的「銜接者」。

伊斯蘭教法學家的頭上包著特本頭巾。特本頭巾分為黑白兩色；黑色代表此人繼承了穆罕默德的血統，他們的地位較高，但繼承了穆罕默德的血統，就代表這個人是阿拉伯人。因此，伊朗人（波斯人）內心其實並不認同他們，對這些人敬而遠之。這部分的複雜情緒，平常的新聞報導是無法傳達出來的。

★十二伊瑪目派　什葉派中信徒最多、勢力最大的派系。此派將阿里到海珊的十二名血統純正的領袖視作伊瑪目。因為第十二任伊瑪目突然消失蹤影，所以他們認為，總有一天第十二任伊瑪目會以救世主的身分再度降臨。

重點在此！

✸什葉派絕大多數都屬於十二伊瑪目派。

✸在伊朗，總統之上還存在一位「最高領袖」。

現在的伊朗是透過伊朗伊斯蘭革命建立的

1978年12月10日伊朗革命的景象

拍攝：AP／Aflo

伊朗伊斯蘭革命

巴勒維國王流亡美國

1979年2月
巴勒維王朝被推翻

伊朗伊斯蘭共和國成立
何梅尼當上最高領袖

伊朗人質危機在德黑蘭爆發
〔伊朗與美國斷交〕

伊斯蘭內的宗教對立？為何發生兩伊戰爭？

「兩伊戰爭」中先發動攻擊的是伊拉克，但原因是什麼？結果是哪方勝利？

伊拉克雖不及伊朗，但也是什葉派人口較多的國家。這兩個國家在一九八〇年代發生戰爭，史稱「兩伊戰爭」。

這場戰爭的導火線，就是不久前發生的「伊朗革命」。

伊朗革命原本是一場「民主化運動」。在革命前，巴勒維國王施行獨裁體制，嚴密控制電視、報紙等媒體，國民也沒有言論自由，而且還設有秘密警察，有人批判政府的話，就會遭到處分。

因為如此，出現了各種反對巴勒維國王的勢力。其中，既有受當時蘇維埃聯邦（蘇聯）影響的共產主義勢力「伊朗共產黨」，也有認為伊朗應該改革成一般的民主主義國家的勢力。這些勢力團結起來推翻了巴勒維國王後，

德黑蘭的美國大使館舊址。

何梅尼所率領的伊斯蘭基本教義派勢力，就立刻一一剷除其他勢力的人物。

周圍的國家見狀，不禁感到恐懼，害怕這群人會不會也在其他國家煽動革命。尤其（當時）伊拉克的薩達姆・海珊總統，更是對什葉派的革命成功感到無比震驚。

因為伊拉克是以什葉派為多數，但海珊本身卻是屬於少數的遜尼派，也就是說，在伊拉克，是由人數較少的遜尼派，統治人數較多的什葉派。

海珊擔憂著：「萬一伊朗的革命影響到伊拉克境內的什葉派，讓伊拉克也爆發伊斯蘭革命的話……」

美國支持伊拉克的原因

事實上，當時伊朗和伊拉克兩國之間存在著領土的主權問題。這兩國之間夾著一條「阿拉伯河★」，原本他們以這條河的中央作為國界線，但海珊總統主張這條河全部都是屬於伊拉克的。

恰好伊朗在革命之後，國內陷入了一團混亂，革命勢力互相攻擊，處於內戰狀態，海珊因此盤算道：「趁現在進攻，就能一口氣制服伊朗。」他覺得這是拿下領土主權的大好機會，因此出兵伊朗，兩伊戰爭就此爆發（日本稱之為「**Ira-Ira**戰爭」，**Ira-Ira**是取兩國名的詞首，同時在日文中也有煩躁不安（イライラ）之意）。

★阿拉伯河　流經伊朗和伊拉克國界地帶的河流。全長約兩百公里，部分河段成為伊朗和伊拉克的國界線，（當時）伊拉克的海珊總統，以河川的使用權和國界線的爭議為由向伊朗宣戰，結果造成水上航線被迫關閉。

周圍的阿拉伯各國也都害怕伊朗的革命蔓延到自己國家，因此沒有國家譴責伊拉克攻擊伊朗。美國也因伊拉克出兵而竊喜，並在暗地裡支援伊拉克。

這一切都是因為伊朗革命後，親美的巴勒維國王逃亡到美國，身為反政府運動的中流砥柱的伊朗學生們，占領了首都德黑蘭的美國大使館，要求美國交出前國王。他們挾持五十二名外交官與平民為人質[3]，占領了四百四十四天（電影《亞果出任務》（Argo）★就是在描述這段故事）。這個事件的發生使美國與伊朗斷交，美國並發動經濟制裁，兩國從此互相敵視。

雖然觸怒了美國，但伊朗國內反而因為伊拉克的進攻而團結了起來。但不管是出兵的伊拉克還是受攻擊的伊朗，兩國都沒有威力強大的武器，因而歷經了長達八年的戰爭後才停火。

★亞果出任務（Argo）二〇一二年由班艾佛列特（Ben Affleck）自導自演的電影。該片以一九七九年美國外交官和平民在伊朗遭挾持的「伊朗人質危機」為題材，拿下了第八十五屆奧斯卡最佳影片獎。

3 編注：這起事件就是本書後文所說的「美國外交官人質危機」，或稱「伊朗人質危機」（Iran hostage crisis）。一九七九年十一月四日，伊朗爆發伊斯蘭革命後，一群大學生佔領了美國駐伊朗大使館。伊朗政府與美國就此事展開長達約十四個月的協商談判。

重點在此！

✷伊拉克人口以什葉派為多數，當時卻是由遜尼派的海珊所統治。

✷兩伊戰爭的導火線是伊朗伊斯蘭革命。

伊朗伊斯蘭革命引發兩伊戰爭

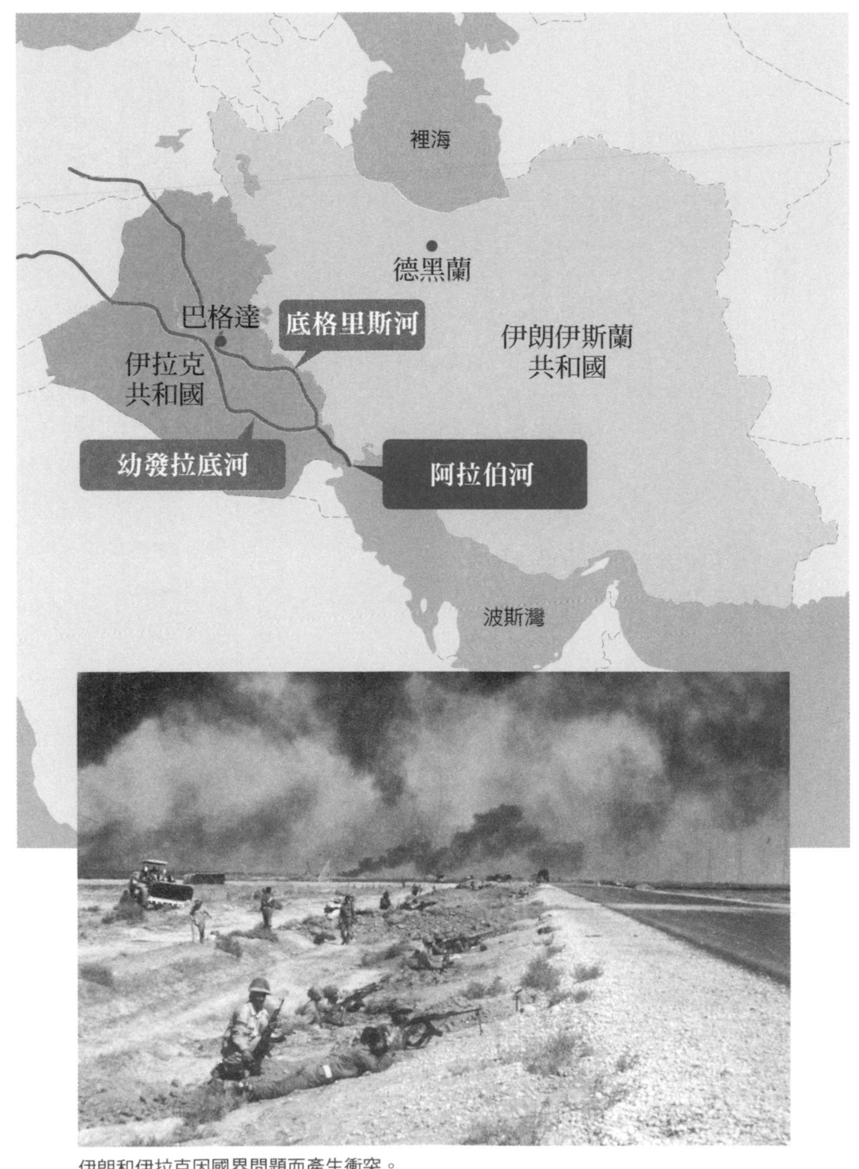

伊朗和伊拉克因國界問題而產生衝突。
從1980年9月開戰，到1988年8月停戰為止，戰爭長達8年之久。
拍攝：AP／Aflo

伊拉克總統海珊侵略科威特的藉口

一九九〇年，「波斯灣戰爭」以伊拉克軍隊侵略科威特為導火線而展開。牽涉其中的是，二十世紀後加入中東情勢的新要素——「油元」。

★科威特　東臨波斯灣，石油儲量豐富的國家。一九六一年，科威特擺脫英國殖民統治而獨立後，伊朗曾不斷宣稱科威特是屬於伊朗的領土。薩達姆・海珊希望建立起一個和沙烏地阿拉伯並駕齊驅的近代阿拉伯國家，所以併吞科威特一直是他的夢想。

伊拉克這塊土地歷經的戰火特別長。繼一九八〇年代的「兩伊戰爭」後，九〇年代又發生了「波斯灣戰爭」。

波斯灣戰爭始於伊拉克侵略科威特，但有人說，兩伊戰爭才是最直接的主因。

就下令入侵科威特的伊拉克總統海珊的角度來說，他的想法是：「老子可是為了阿拉伯世界，才跟伊朗開戰的。我們為此付出了龐大的經費，增加了不少債務。科威特明明是我們的鄰國，又那麼有錢，卻絲毫不肯伸出援手。是可忍，孰不可忍！」於是展開侵略。

其實，伊拉克和科威特在鄂圖曼帝國時代原本是一體的，兩者之間並沒有國界。直到英國占領這地方，才將伊拉克和科威特分割開來，並讓科威特先行獨立。

對伊拉克的人民來說，科威特原本就是屬於自己的一部分。

伊拉克在兩伊戰爭中對抗伊朗的何梅尼的時候，得到了歐美各國的支持，但目標一換成科威特，歐美各國就立刻翻臉不認人，還組成多國部隊攻打伊拉克。

立場變來變去的美國

伊拉克雖然在兩伊戰爭時，得到歐美各國的支援，成為軍事大國，但如今連阿拉伯各國都和歐美一鼻孔出氣，加入責難伊拉克的行列。伊拉克頓時變成了「全球的孤兒」。

翌年，美國組織多國部隊，進攻伊拉克。

早在伊拉克侵略科威特之初，沙烏地阿拉伯便畏懼著，下一個被伊拉克攻打的國家會不會就是自己，而向美國尋求協助。於是，美國啟動「沙漠之盾[4]」行動，派兵駐防沙烏地阿拉伯。

沙烏地阿拉伯是虔誠伊斯蘭教徒的國家卻又親美，這是為什麼呢？

4 譯注：Operation Desert Shield，美國發動的軍事行動，旨在防止伊拉克入侵沙烏地阿拉伯的防禦行動。

★多國部隊　波斯灣戰爭中加入多國部隊的國家包括：美國、加拿大、阿根廷、宏都拉斯、英國、法國、西班牙、葡萄牙、義大利、希臘、丹麥、挪威、比利時、荷蘭、德國、波蘭、捷克斯洛伐克（現已解體，成為捷克共和國、斯洛伐克共和國兩個國家）、匈牙利、南韓、孟加拉、巴基斯坦、巴林、卡達、阿拉伯聯合大公國、阿曼、科威特、沙烏地阿拉伯、敘利亞、土耳其、澳洲、紐西蘭、埃及、摩洛哥、尼日、塞內加爾、甘比亞。

★日本在波斯灣戰爭中的協助　根據日本憲法的規定，派自衛隊出境是違憲的行為。因此日本向多國部隊捐助了龐大的資金，但卻被外國消遣為「用金錢來買他人的鮮血」。其後，日本修改了《PKO協力法》（譯注：全名為「對國際聯合維持和平活動之協助的相關法律」）使國家能透過特別法合法派出自衛隊。

一九三八年，沙烏地阿拉伯境內首度挖掘出石油。最初發現油田的是美國的石油公司。後來，「阿拉伯美國石油公司」（Arabian-American Oil Company，通稱Aramco）成立，並且變成了沙烏地阿拉伯的國有公司，這個時候，沙烏地阿拉伯的國民靠著這些油元（Petrodollar，出售石油獲得的報酬），翻轉了原本貧苦的生活。

沙烏地阿拉伯就這樣成了「親美」國家。然而，美國軍隊的常駐還是引起了部分國民的憤慨。

畢竟麥加和麥地那這兩個伊斯蘭教聖地，都位在沙烏地阿拉伯境內。美軍常駐等於是讓異教徒的軍隊進入伊斯蘭教的聖地，更別說還有穿著無袖背心露出肌膚的美國女性士兵來去自由。

此時，跳出來嚴厲指責沙烏地阿拉伯國王的人，就是奧薩瑪・賓拉登（Osama bin Laden）。結果，賓拉登被剝奪國籍，流放國外。

重點在此！

✸ 波斯灣戰爭的導火線是兩伊戰爭。

✸ 伊拉克因侵略科威特而遭到全世界孤立。

伊拉克侵略科威特是波斯灣戰爭的開端

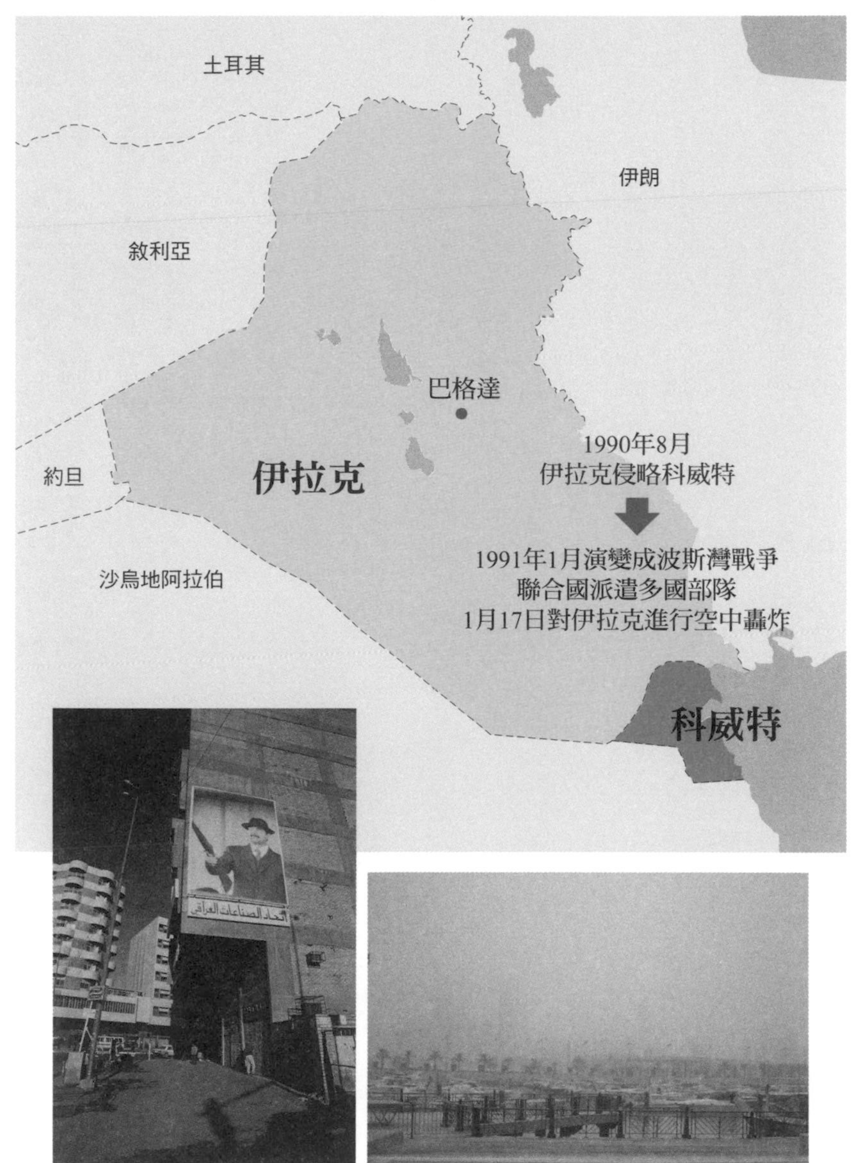

薩達姆・海珊時代的伊拉克。
街上張貼著海珊總統的肖像畫。

沙塵暴中的科威特。
1991年1月17日，多國部隊對伊拉克進行空中轟炸。
這項作戰計畫被稱為「沙漠風暴」行動。

震撼全球的賓拉登究竟是何方人物？

蘇聯侵略阿富汗時，賓拉登曾以伊斯蘭聖戰士的身分和美軍並肩作戰。他是怎麼轉為反美派的呢？

奧薩瑪・賓拉登是遜尼派的伊斯蘭教徒。他是因為92～95頁所述的波斯灣戰爭，才開始在心中種下反美思想。

過去賓拉登非但不反美，還曾是跟美國並肩作戰的戰友。他們的戰友關係，始於一九七九年十二月二十四日，蘇聯入侵阿富汗★之時。

為何蘇聯要入侵阿富汗？戰爭的起因是哈非佐拉・阿明（Hafizullah Amin）成為了阿富汗總統，他是一個有留美經驗的男人。

阿明當上總統之前，阿富汗成立了親蘇聯的黨派，快速變成了一個社會主義國家，但若讓阿明當上總統，接下來阿富汗就有可能轉而親美，蘇聯因而產生危機意識。

★蘇聯入侵阿富汗　一九七九年，蘇聯軍入侵阿富汗。蘇聯原本打著速戰速決的如意算盤，結果阿富汗戰爭一打就是十年。不得不繼續打完這場泥淖戰的結果，是耗盡了自己的國力，這也成了蘇聯國家解體的導火線。

於是，蘇聯以「阿富汗人民向我求救」為由，進攻阿富汗。侵入阿富汗後的第一件事，就是處死總統，並建立起受蘇聯掌控的魁儡政權。

阿富汗原本是一個與世無爭的和平伊斯蘭國度，卻突然被無神論的共產主義者（蘇聯軍）攻入。伊斯蘭教徒拿起武器反抗，將這視為一場捍衛伊斯蘭土地的「吉哈德（聖戰）」。

賓拉登被稱為聖戰士

參與這場對抗蘇聯的聖戰人士，被稱為「聖戰士」。聖戰士對蘇聯展開反擊，住在周圍伊斯蘭教國家的年輕人們，也為了拯救同一信仰的同伴，前往阿富汗盡一己之力。

這些前來阿富汗的聖戰士中，包括了來自沙烏地阿拉伯的賓拉登。只是因為聖戰士們沒有強大的武力，面對蘇聯軍的近代武器，實在無能為力。就在此時，美國登場了。

時值東西冷戰，美國一心一意想給蘇聯狠狠下一記馬威。再加上一九六〇年代，美國曾在越南戰爭（以下簡稱越戰）中，被蘇聯和中國援助的越南游擊隊打得落花流水。

「這是報當年一箭之仇的機會，讓蘇聯也嚐嚐我們在越戰中受到的屈辱！」

美國抱著這樣的想法，透過巴基斯坦將武器與資金送到聖戰士手中，其支援逆轉了戰爭的局勢。蘇聯軍就像美軍在越戰中一樣，被打得落花流水，最後不得不撤退。

蘇聯軍撤退後，美國認為阿富汗的未來發展與他無關，便棄阿富汗不顧。來自中東各地的聖戰士們也只開心於「打了勝仗，趕走了蘇聯」，便各自返回祖國。賓拉登也因此回到沙烏地阿拉伯。

大家都認為，長年的紛爭已經畫上句點，阿富汗終於能恢復和平了，但紛爭卻並未因此落幕。

重點在此！

✷ 伊斯蘭教徒挺身捍衛伊斯蘭的土地，就是吉哈德（聖戰）。

✷ 賓拉登曾以援軍的身分參加阿富汗戰爭。

舊蘇聯與阿富汗的地理位置關係

俄羅斯
哈薩克
烏茲別克
吉爾吉斯
土庫曼
塔吉克
中國
阿富汗
伊朗
伊拉克
科威特
巴基斯坦
印度
尼泊爾
巴林
卡達
阿拉伯聯合大公國
沙烏地阿拉伯
阿曼
葉門

- 面積…約652,255㎞^{2}（約日本的1.7倍，台灣的18倍）
- 人口…2,982萬人（2012年：世界銀行）
- 首都…喀布爾
- 人種…普什圖族、塔吉克族、哈扎拉族、烏茲別克族等
- 語言…官方語言為達利語、普什圖語，其他還存在哈扎拉語、塔吉克語等。
- 宗教…伊斯蘭教（主要是遜尼派的哈納菲法學派〔Hanafi〕，哈扎拉族是什葉派）

阿富汗境內栽培了許多用來製作鴉片的罌粟籽。在舊蘇聯侵略阿富汗時，吸食鴉片的風氣在蘇聯士兵間蔓延開來，甚至有許多鴉片被帶回蘇聯國內。

阿富汗紛爭後的混亂。何謂「塔利班」？

美軍和伊斯蘭聖戰士聯手驅逐了蘇聯軍，正當大家以為阿富汗會恢復和平時，為何阿富汗國內的局面卻一片混亂？

留在阿富汗的聖戰士們，原本就屬於不同民族，使用不同語言，是因為擁有蘇聯這個共通敵人，大家才團結抗戰，因此當共通敵人一消失，隨之而來的就是起內鬨。

阿富汗內戰爆發，主導權掌握在塔吉克族、烏茲別克族、普什圖族、哈扎拉族四個民族★手上。

巴基斯坦看到他們發生內戰，心想可趁此機會，建立起一個對自己唯命是從的政權。

戰爭導致大量難民湧入巴基斯坦，這個時候，巴基斯坦人看上了內戰發生後，從阿富汗逃難而來的難民兒童。

★四民族間內戰　阿富汗是一個多民族國家。國民雖然同為伊斯蘭教徒，但卻是各種民族五方雜處。其中占多數的是普什圖族、塔吉克族、烏茲別克族、哈扎拉族等民族。順帶一提，阿富汗多數國民信奉伊斯蘭遜尼教派，但只有哈扎拉族是信奉什葉教派。哈扎拉族最出名的特色是，長得和日本人一模一樣（譯注：哈扎拉族據說擁有蒙古血統，是黃種人的長相。）聖戰士們依民族形成軍閥派系，各地開始擁兵自重，或向當地居民徵收稅金，或向通過主幹道的車輛收取過路費，國家陷入了無政府狀態。

巴基斯坦軍之所以打難民孩童的主意，是因為當時伊斯蘭基本教義派的代奧本德教派（Deobandi），成立了神學校，在教學過程中灌輸難民孩童們偏激的宗教思想，他們就是想利用這一點。

巴基斯坦軍提供這些接受偏激宗教教育孩童近代武器，培育他們，再讓他們從巴基斯坦潛入阿富汗，一舉將起內鬨的那群人全部擺平。

這群巴基斯坦軍培育的孩童，就是所謂的塔利班（意指「學生們」）是由住在阿富汗和巴基斯坦國界附近的普什圖族為中心，建立起的武裝勢力。

何謂「蓋達組織」？

原本起內鬨的塔吉克族和烏茲別克族逃向北方，後來他們組成了北方聯盟（Afghan Northern Alliance）。

這時，賓拉登也再度回到阿富汗。但他明明返回沙烏地阿拉伯了，為何要再回來阿富汗？

原來是波斯灣戰爭發生之際，賓拉登因批判沙烏地阿拉伯而被流放國外，他一度逃到了蘇丹（Sudan），但因美國認為賓拉登是危險人物，向蘇丹施壓，要求他們不准藏匿賓拉登。在蘇丹也待不下去的賓拉登，便想說：「那就回阿富汗吧，那裡有過去一起並肩作戰的戰友們。」於是又回到了阿富汗。同時，也加深了「反美」的決心……。

另一方面，昔日參與阿富汗聖戰的戰友們也和賓拉登一樣，因為行徑過於囂張，在祖國待不下去，再度從中東各地回到了阿富汗。

賓拉登開始召集這些返回阿富汗的昔日聖戰士，培育並組織他們成反美的恐怖份子。他們所組成的就是「蓋達組織」，而蓋達，就是「基地」的意思。

過去與蘇聯抗戰時，聖戰士們曾製作了一份名單，紀錄了來自各地的伊斯蘭聖戰士們，他們稱作這份紀錄的地方為「蓋達」，賓拉登則是當時負責管理這份名單的人。後來，他直接沿用蓋達做為自己新組織的名字。

賓拉登確立了據點後，便全心投入於蓋達組織的活動，並在二〇〇一年九月十一日，發動了美國911恐怖攻擊事件。

重點在此！

✷蘇聯撤退後，阿富汗爆發了民族間的內戰。

✷賓拉登等狂徒再度集結於阿富汗。

蘇聯對阿富汗的侵略與塔利班

自美國911恐怖攻擊事件後僵持不下的伊拉克戰爭

911恐怖攻擊事件至今已過十餘年。在這之間，美國兩任總統前者是主導反恐戰爭以暴制暴地對付伊斯蘭激進份子的布希；後者是重視對話的歐巴馬，但無論政權如何改變，恐怖組織的活動依舊不減。

當時，喬治・W・布希總統★（George W Bush）認為二〇〇一年的911恐怖攻擊事件是賓拉登所為，向藏匿賓拉登的阿富汗塔利班（Taliban）政權要求「交出賓拉登」。

然而，塔利班政權宣稱「我們無法將重要的賓客交給你們」，拒絕了美國的要求。

塔利班屬於普什圖族（Pushtun），普什圖族有一項「普什圖族的戒律」，那就是「主人必須誓死保護自己的賓客」。

賓拉登來到阿富汗就是客人，塔利班自然要遵守戒律、款待嘉賓，讓賓拉登藏身阿富汗境內。

★布希的反恐戰爭　伊拉克進攻科威特之際，美國在波斯灣戰爭中將伊拉克逐出了科威特，但並沒有將伊拉克總統海珊打倒。布希覺得，只有達成父親老布希當年做不到的事——打倒海珊——才能超越父親。結果，布希給伊拉克總統海珊安了一個莫須有的罪名，宣稱他和國際恐怖組織蓋達暗中來往，並進軍伊拉克。

對此，布希總統回應道：「藏匿恐怖份子者與恐怖份子同罪。」並於恐怖攻擊發生的一個月後，對阿富汗展開攻擊。

美國挾先進的武器攻擊阿富汗，因此不過短短兩個月，塔利班政權就宣告瓦解。

大功告成的布希政權撤回了佈署在阿富汗的戰鬥部隊，接下來，又把攻擊的矛頭指向伊拉克。

布希發動伊拉克戰爭的大罪

布希為什麼要發動伊拉克戰爭呢？世界各國都在911恐怖攻擊事件發生後對美國寄予同情，只有伊拉克拍手叫好，稱這個事件為「一場世紀大作戰」。

布希總統因而對此批判道：「伊拉克與北韓、伊朗皆為邪惡軸心★國。」一方面也是因美國早有攻擊伊拉克的意圖，因此在二〇〇三年三月，出兵伊拉克。

為何美國早就有意攻擊伊拉克呢？其中一項原因是，伊拉克被懷疑擁有大規模毀滅性武器★。所謂的大規模毀滅性武器可分為三種，第一種，是「核武」；第二種，是利用細菌、病毒殺人的「生物武器」；第三種，是毒氣之

★邪惡軸心（Axis of evil）　布希總統於號召「反恐戰爭」演說中的說法。被點名的三個國家除了北韓、伊拉克外，還有伊朗。

★大規模毀滅性武器（的謊言）　布希總統認定，伊拉克總統海珊不但背地裡和蓋達組織保持聯繫，還偷偷製造飛彈、生物武器、化學武器（指毒氣）等大規模毀滅性武器，因此派兵攻打伊拉克，但在伊拉克境內卻找不到任何擁有這類武器的跡象。大規模毀滅性武器不存在的事實一曝光，布希總統便立刻改稱，之所以發動這場戰爭，是為了替伊拉克帶來民主主義。

類的「化學武器」。

那麼，伊拉克又為何會被懷疑擁有大規模毀滅性武器呢？

這是因為波斯灣戰爭結束後，聯合國檢查伊拉克軍隊持有的武器，結果發現他們正在開發核武。之後伊拉克雖然被迫停止開發，但過了一段時間，海珊總統又開始拒絕聯合國的武檢。

然而，伊拉克戰爭結束後，人們才發現，其實伊拉克並未持有大規模毀滅性武器。

之所以造成這結果，是因為布希對伊拉克的內情一無所知。伊拉克這個國家裡既有阿拉伯民族，又有庫德族，還分成了什葉派和遜尼派，這些人都是在海珊政權強硬的統治下，才維持起一定的秩序。

伊拉克戰爭結束，海珊被剷除，伊拉克境內的三大勢力展開爭鬥，因此陷入了內戰。

重點在此！

✷「大規模毀滅性武器」是布希攻擊伊拉克的藉口。

✷伊拉克戰爭結束後，伊拉克陷入三大勢力互相鬥爭的內戰。

911恐怖攻擊事件是一切的開端

賓拉登

蓋達組織的奧薩瑪・賓拉登。被認為是美國911恐怖攻擊事件的主謀。潛藏在巴基斯坦時受美軍攻擊，於2011年5月遭到殺害。他被殺害時距離911事發已過了大約10年。

拍攝：AP／Aflo

911

2001年9月11日，在美國發生了四起飛機撞擊建築物的恐怖攻擊，合稱為「美國911恐怖攻擊事件」。照片是2架飛機對紐約曼哈頓的世界貿易中心大樓進行自殺攻擊時的畫面。有3000多人命喪於這場恐怖攻擊。

拍攝：AP／Aflo

從護照的出入境章隱情看出中東的複雜關係

大家都知道，以色列與周圍的伊斯蘭教國家關係惡劣。

尤其，以色列和伊朗更是水火不容。

以色列是猶太人在原本的阿拉伯人居住區域，建立起的「猶太人的國家」，因此被阿拉伯各國視為敵人，在中東處於孤立狀態。

再者，以色列和美國是盟國，兩國關係深厚。美國長期以來支持以色列，這也可說是導致911恐怖攻擊事件發生的遠因。

此外，以色列也是擁有核武的國家，雖然他們並未正式承認過。

另一方面，伊朗自何梅尼所領導的伊朗伊斯蘭革命發生以來，一直走反美路線，因此以色列對他們來說，是和美國同一陣線的敵人。

另外，伊朗曾被懷疑在進行核武開發。

以色列對周圍國家的核武開發十分敏感，為阻止伊朗開發核武，還曾經考慮進行空中轟炸。由此可見，伊朗開發核武，對以色列而言是多麼大的威脅。

因為我的護照上有伊朗的簽證，所以要從以色列的海關入境時，一定會十分費時。因為以色列對於所有「曾經到過伊朗的人」都十分警戒。

反之亦然。

一般來說，要進入一個國家，都會先在前一個國家蓋上出境章，再在下一個國家蓋上入境章後，才會從海關入境。

如果在以色列入境後，還有計畫要進入與以色列敵對的阿拉伯國家的話，可以拜託海關人員說：「No stamp, please.（請不要蓋章。）」

因為，許多阿拉伯國家都曾發生過拒絕到過以色列的人入境的例子。護照上若蓋有以色列的入境章，就有可能進不了其他伊斯蘭教或阿拉伯的國家。

雖然對人說「我不需要你們國家的章」，恐怕會讓對方感到被冒犯，但要是被其他國家拒絕入境的話，可就不是說著玩的了。雖然對「一輩子都不想去中東」的人來說，這只是一件無關緊要的事……。

光是從護照上出入境章的隱情，也可窺見中東的複雜關係。

池上先生的護照。曾造訪過約70個國家與地區的他，護照上蓋滿了各地的出入境章。

第4章

現代伊斯蘭所面臨的問題

「阿拉伯之春」在伊斯蘭世界裡留下了什麼？

伊拉克油田都市基爾庫克（Kirkuk）。庫德族部隊趁亂掌控此地。遜尼派和什葉派的對立與庫德族的問題也互有牽扯。
照片提供：AP／Aflo

海珊政權倒下後和平真的來臨了嗎？

二〇〇三年，美國對伊拉克發動攻擊，展開了伊拉克戰爭。美國說他們要「推翻專制的海珊政權，解放伊拉克人民」，而實際上……。

二〇〇三年三月，美國攻擊伊拉克的理由有二。其一為「對於擁有大規模毀滅性武器的制裁」，其二為「推翻專制的海珊政權，解放伊拉克人民」。

雖說如此，但實際上蓋達組織在伊拉克境內的活動平息，都要歸功於薩達姆・海珊，因為海珊非常厭惡蓋達組織。

然而，當時的喬治・W・布希總統認為：「只要打倒海珊，伊拉克國民就一定會全體歡呼地迎接美國。看看德國、日本，當初他們不也是這樣？雖然原先是法西斯政權，可是一旦戰敗，就立刻變得俯首帖耳。」因此，他不顧法國和俄羅斯的反對，執意攻打伊拉克。

★（布希政權的）無知　布希政權一口咬定，美國911恐怖攻擊事件是伊拉克所為，向世界宣稱伊拉克握有大規模毀滅性武器，強行出兵伊拉克。「伊拉克正在援助包括蓋達組織的國際恐怖份子。」這些他們提出的說法都只是藉口，甚至有人說，伊拉克戰爭是一場爭奪石油控制權，以及一了布希家族私人恩怨的戰爭。麥可・摩爾（Michael Moore）在其執導的紀錄片《華氏911》（*Fahrenheit 9/11*）中，就呈現了伊拉克戰爭和美國的腐敗。

事後一查，伊拉克境內根本找不到「大規模毀滅性武器」，美國真正的意圖——為了石油強行攻打不受控制的產油國——昭然若揭。

伊拉克的海珊政權在中東世界也是出了名的蠻橫無理，因此政權被推翻後，並沒有中東國家寄予同情。但在這之後，伊拉克國內陷入大混亂，原因明顯在於，布希政權對伊拉克國內情勢一無所知★又毫不關心。

海珊總統在二〇〇六年被處以死刑

伊拉克戰爭於二〇一〇年八月結束。二〇一一年十二月，美軍也自伊拉克撤退。然而，伊拉克國內至今仍內戰★不斷。

到底是什麼阻礙了伊拉克和平的到來呢？

伊拉克原本是由名為「復興黨（Ba'ath Party）」的政黨所統治。該黨的全名為「阿拉伯社會主義復興黨」。當時，復興黨也在埃及和敘利亞握有政權。

伊拉克、埃及和敘利亞曾經打算建立起一個聯邦制國家，其目標是「將蘇聯般的社會主義，不分國界地實現於伊斯蘭教的阿拉伯世界中」，但因各自有不同的想法，所以最後還是分道揚鑣。

布希總統認為：「復興黨員盡是支持海珊想法的人，只要驅逐復興黨

★（伊拉克戰爭後的）內戰　在伊拉克戰爭期間，日本小泉（小泉純一郎）政權也在美國要求下，送自衛隊上戰場。美國的侵略在伊拉克造成約一百萬人死亡，三百萬人成為難民。二〇一四年六月的現在（編注：日本出版時間），伊拉克正接受什葉派主導的馬里奇政府統治，然而遜尼派不滿於不受政府重視，不停向維安部隊、什葉派發動恐怖攻擊。ISIS也是因此而誕生的。

★ISIS　原本以伊拉克北部遜尼派區為據點的激進派勢力。敘利亞內戰時，他們以ISIS（或ISIL＝伊拉克與黎凡特伊斯蘭國）之名，邊自稱反政府勢力，邊攻擊反政府的敘利亞自由軍，擴張自己的統治區域。之後，他們再回到伊拉克，攻擊什葉派馬里奇政權。二〇一四年六月底，宣布建立IS（伊斯蘭國）。他們原是蓋達體系的組織，據說因太偏激被除名。ISIS提出「打破賽克斯——皮科協定」，以「奪回鄂圖曼帝國的領土」為目標，重現哈里發制度，其資金來源為石油的走私出境與綁架勒贖交易。

員，就能讓伊拉克順利走向民主。」因此撤除了所有復興黨員的公職身份。

然而，在一黨專政的國家裡，若非該黨黨員，就不可能出人頭地，所以在伊拉克國家組織中擔任重要幹部的，從警察、軍隊到教職，這些人全都是復興黨員。要是這些人全被褫奪公職身份，國家的運作自然會失能。

警官一旦不存在，就無法取締罪犯。因為軍隊失能，所以領不到薪水的士兵們，變成了反政府的武裝游擊隊。自稱「伊斯蘭國」的激進組織的前身，就是誕生於此時。

海珊垮台後，遜尼派和什葉派的宗教紛爭愈演愈烈，國家不能團結一致，也無法朝復興發展。伊拉克要復興，就必須先化解這些複雜的矛盾衝突。

★庫德族　全世界最大的沒有自己國家的民族。從中世紀到近代早期，庫德族的居住地都在幅員遼闊的鄂圖曼帝國領土內。第一次世界大戰中，鄂圖曼帝國戰敗，英法兩國在此恣意畫分國界，鄂圖曼帝國的國土於是支離破碎，被切分成土耳其、伊朗、伊拉克、敘利亞等國。庫德族使用的是庫德語，宗教上大部分信奉伊斯蘭教，其中雖以遜尼派為多數，但也有什葉派的信徒。目前在土耳其，庫德族的人口占14%，在伊朗占9%，在伊拉克占15%。

重點在此！

✸布希以莫須有的罪名，向伊拉克發動戰爭。

✸伊拉克的死亡人數達一百萬人，難民人數達三百萬人。

伊拉克在遜尼派的海珊統治後所發生的反彈！

遜尼派
海珊政權
以專政壓制
什葉派統治國家

什葉派

※在伊拉克，什葉派是主流，
遜尼派屬於少數。

伊拉克戰爭造成海珊政權垮台

遜尼派

什葉派
馬里奇政權
以專政壓制
遜尼派統治國家

政治上
偏袒什葉派

遜尼派的不滿、反彈

遜尼派的激進組織
ISIS
（伊拉克與敘利亞的伊斯蘭國）
威脅馬里奇政權

什葉派
馬里奇政權

馬里奇政權向
美國請求支援
同為什葉派的鄰國
伊朗也積極援助

內戰愈演愈烈

其後，ISIS自稱IS（伊斯蘭國），以打破賽克斯－皮科協定為目標，大舉擴張其勢力範圍。

2003年，海珊政權垮台。孩子們在被推倒的薩達姆・海珊總統的銅像上玩耍。

拍攝：讀賣新聞／Aflo

始於突尼西亞的中東革命「阿拉伯之春」

從二〇一〇年到二〇一一年，這段期間在突尼西亞、埃及、利比亞與中東陸續發生的革命，統稱為「阿拉伯之春」。阿拉伯的春天真的來臨了嗎？

二〇一〇年十二月，位在北非的突尼西亞，發生了一名青年為抗議政府而引火自焚的事件，這個事件就是引爆「阿拉伯之春」的導火線。

這一名年輕人為了討生活而在路邊擺蔬果攤，結果警官以「未經許可不許在路邊擺攤」為由，將他的攤車沒收。他向市府當局要求歸還攤車，對方卻不理不睬，年輕人在絕望之際引火自焚身亡。

這名年輕人是伊斯蘭教徒。對伊斯蘭教徒而言，引火自焚的意義非同小可，因為失去了肉體，死後就無法在末日來臨時復活。

看在眾人眼裡，這名年輕人引火自焚是「最沉重的抗議」，因為他甚至放棄進入天堂的可能。這項衝擊性的事件透過臉書、推特一傳十、十傳百。

不僅如此，中東的衛星電視「半島電視台（Al Jazeera，參考頁135）」（總公司位於卡達）也報導了民眾的抗議活動。半島電視台是以阿拉伯語播出。阿拉伯各國存在著許多文盲，因此電視扮演了十分重要的情報傳遞角色，不僅能向人民傳達集會情報，更能進一步促使民眾團結。

於是，民眾為抗議而集結，並演變成大規模的反政府示威遊行。突尼西亞總統宰因・阿比丁・班阿里（Zine El Abidine Ben Ali）最後被迫流亡沙烏地阿拉伯，結束長達二十三年的政權。

「阿拉伯之春」使長期獨裁政權陸續被推翻

接著，要求政府民主化的群眾運動，掀起巨大浪潮，連長達三十至四十年之久的利比亞的格達費（Muammar Gaddafi）政權、埃及的穆巴拉克（Hosni Mubarak）政權等長期獨裁政權都一一被推翻。

這一連串的民主化運動，正是「阿拉伯之春」。

話說回來，「阿拉伯」究竟是指什麼地方？可能有很多人以為「阿拉伯＝中東＝伊斯蘭世界」，但這三者是不相等的。我們必須將這三者分開來思考。（參考頁6）

阿拉伯不只中東地區，也包括了非洲的埃及，而埃及又是一個存在著大

★（阿拉伯之春的）挫敗　「阿拉伯之春」爆發後，非但未加速中東的民主化，反而使中東變得愈來愈混亂。在歐美，提到「春」令人聯想到的是，接下來將進入美好的季節；但在中東，春天過後是嚴酷的夏日，如今的中東正恰似這種感覺。

量基督徒的國家，因此不是所有住在阿拉伯的人都信奉伊斯蘭教。事實上，所謂阿拉伯，是指「使用阿拉伯語的人所居住的地區」。東起阿拉伯半島，西至西北非的摩洛哥，都遍布住著使用阿拉伯語的人。摩洛哥雖然屬於阿拉伯圈，卻不是位在中東。

此外，中東也包含了像以色列這種猶太人居多的國家。

另一方面，所謂的伊斯蘭世界則不限於北非、中東，南亞的巴基斯坦、印度等國，東南亞的馬來西亞、印尼等國，也是其中一份子。

阿拉伯之春在許多國家遭到挫敗★，只有突尼西亞成功地逐步走向民主。或許，國家較富裕且人口較少便是他們成功的因素。

因為突尼西亞的國花是茉莉花，所以阿拉伯之春又有「茉莉花革命★」的別稱。

★茉莉花革命（對世界的影響）
二〇一一年一月，北非的伊斯蘭國家突尼西亞，發生了一場茉莉花革命。這場革命讓民主化運動像倒骨牌般，轉眼間蔓延阿拉伯各國。在這一系列運動的鼓動下，中國也開始有人透過網路號召民眾參與「中國茉莉花革命」的集會。然而，中國的網路被政府嚴加控管，政府做的第一件事就是限制網路，讓人民無法搜尋關鍵詞「茉莉花」。

重點在此！

✷「阿拉伯之春」是指發生在中東的民主化運動。

✷「阿拉伯之春」中算得上成功的國家，就只有突尼西亞。

阿拉伯之春使阿拉伯的獨裁政權垮台

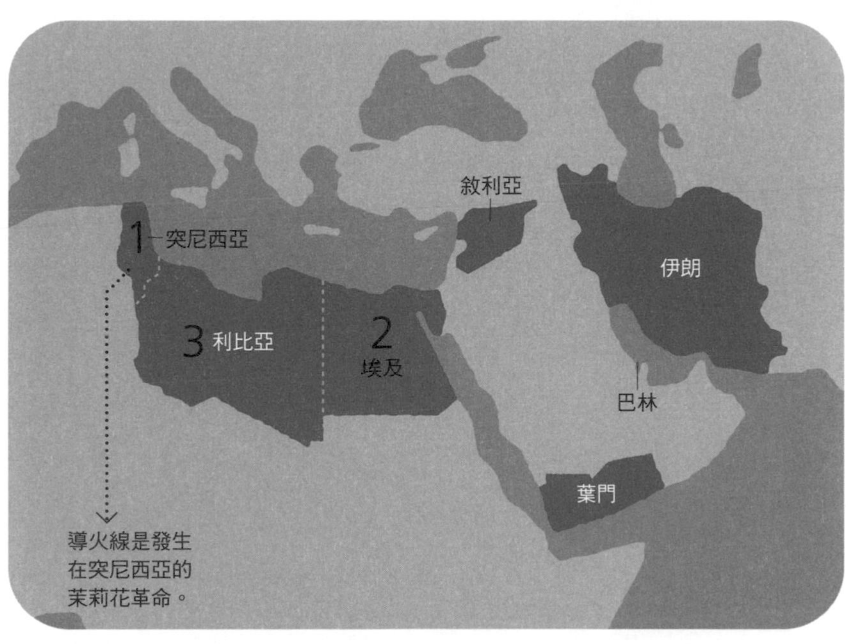

1 突尼西亞
班阿里政權
執政23年

流亡沙烏地阿拉伯

後來

唯一一個成功地逐漸邁向民主的國家

波及各國

2 埃及
穆巴拉克政權
執政30年

原本打算把權力交棒給其次子……失敗下台

後來

目標建立一個遵循伊斯蘭教教義的國家，但以失敗告終

再度回到軍事政權

3 利比亞
格達費政權
執政41年

遭到反格達費派的殺害

獨裁政權垮台

伊斯蘭基本教義派順勢崛起！

為何中東的獨裁國家這麼多？

第一次世界大戰時鄂圖曼帝國戰敗，原本受其統治的中東地區，被英法兩國任意分割，播下了紛爭的種子。

政治體制大致可分為「民主政體」和「獨裁政體」兩種。為何在中東和非洲會有這麼政權多長期獨裁的國家？一個政權執政三、四十年都不換人，對日本而言，這是很難以想像的事。

十九世紀是帝國主義和殖民主義的時代。英國在此時的殖民競賽中取得領先地位，緊接在後的是法國、西班牙、荷蘭。

第一次世界大戰結束的隔年一九一九年，在法國召開了巴黎和會，美國的湯瑪斯・伍德羅・威爾遜（Thomas Woodrow Wilson）總統在會中提出「民族自決★」，也就是提倡「各民族的事務應該交由各民族自己來決定」。英、法兩國對此持反對態度。兩國好不容易在殖民地競賽中取得領先地

★民族自決　是指關於一個民族的事物，由這個民族自己來決定。第一次世界大戰結束後，美國總統湯瑪斯・伍德羅・威爾遜（Thomas Woodrow Wilson）雖提出了「民族自決」。但有一派見解認為，這個「民族自決」是歐洲的「民族自決」，至於鄂圖曼帝國等其他地區，因為有許多的多民族國家，所以威爾遜總統反而是想趁此機會，讓這些國家內部產生紛爭，進而耗盡他們的國力。

位，當然說什麼也不想放手。

此時應運而生的，就是「委任統治★」制度。其體制在國際聯盟的委任下，讓受委任的國家對非獨立國家之區域進行統治。

換言之，委任統治背後的中心思想是：「有色人種比我們白人落後。這些劣等民族恐怕無法自己治理國家，如果放任他們不管的話，他們一定會自相殘殺或陷入饑荒。所以，就由我們白人來代為統治這些國家吧！」

獨裁國家與歐美之間有利害關係？

委任統治的對象是第一次世界大戰戰敗國管轄的國家與地區，也就是德意志帝國所統治的非洲國家，以及鄂圖曼帝國統治的中東地區。

第二次世界大戰結束後，這些地區紛紛獨立，但毫無準備就任這些國家獨立，只會讓國家陷入混亂。實際上，也有許多國家一開始是以帝國的形式獨立，後來卻發生軍事政變，推翻了政權。

要壓下這樣多民族或多宗教間的紛爭，必須握有「強大的力量」。

順帶一提，曾當上利比亞實質上最高領袖的穆安瑪爾・格達費（Muammar Gaddafi），是一九六九年在國王生病療養期間，和軍中的一群青年將校發動軍事政變，才奪得政權的。

★委任統治　第一次世界大戰結束後，根據國際聯盟盟約第二十二條所制定的制度，規定由受到國際聯盟委任的國家，來統治特定的非獨立地區（被認為尚未成熟到可以獨立的地區）。

軍人強行站上統治地位後，就會開始擔心是不是哪天自己也會遭到背叛。在這種無法信任他人的狀態下，就會使他們邁上獨裁政權的道路。

事實上，長期允許這些地區被獨裁政權統治的國際社會，也難辭其咎。大家都知道，中東有許多產油國。歐美出於對石油的需求★，因此容易向獨裁者妥協；相對地，獨裁者也因為美國會向他們買石油，容易變得親美。由於歐美國家與獨裁政權有利益關係，因此當伊斯蘭激進份子竄出頭時，獨裁者就會鎮壓這些勢力。此種形勢，讓獨裁政權和歐美國家都能從中獲利。

這樣利益交換的結果，造就出這些教人難以想像的長期獨裁政權。獨裁國家會逐漸走向白色恐怖的國家體制，批評獨裁者的人會突然憑空消失，國民只能不斷地壓抑與忍耐。

★對石油的需求　中國援助獨裁國家，並要求這些國家提供天然資源作為回報。近年，中國試圖與非洲的獨裁國家建立友好關係，以提高自己在國際上的影響力。

重點在此！

✸大部分的中東地區，是在第一次世界大戰後成為委任統治地。

✸握有強大權力的統治者，才能壓制住多民族、多宗教間的紛爭。

獨裁國家與歐美臭味相投！？
與歐美利害關係一致。
獨裁者
把石油賣
給對方
能穩定地獲
得石油
獨裁政權的執政
期愈來愈長
利用白色恐
怖來壓制國
民的不滿
同時也壓制
住了伊斯蘭
激進份子

迎來了「阿拉伯之春」的埃及又走回軍事政權的老路

「阿拉伯之春」延燒至埃及。穆巴拉克政權垮台後，埃及舉辦了史上第一次的總統大選。埃及現況如何呢？

茉莉花革命一轉眼便延燒至埃及。埃及長期受到以軍方為後盾的穆巴拉克獨裁政權統治。二〇一一年一月發生在埃及的「阿拉伯之春」，就是一場年輕人為了向獨裁政權爭取民主而走上街頭的民主化運動。

在埃及掌握政權長達三十年以上的胡斯尼・穆巴拉克（Hosni Mubarak）總統，因為這場運動被推翻。

然而，在歷經了一番迂迴曲折後，埃及最終又走回了軍事政權的老路。

在伊斯蘭國家中，對抗軍事獨裁政權的勢力分為兩種。一種是主張在生活中落實伊斯蘭教教義的「保守派」，另一種是追求男女平等、言論自由的「民主主義者」，也就是民主派。

而埃及的狀況則是，保守派與民主派嚴重對立，兩者又受到的軍方的壓制。

讓我來說明一下事情的來龍去脈。

穆巴拉克總統被推翻後，埃及透過民主選舉選出了穆罕默德・穆希★（Mohammed Morsi），他是第一個在自由選舉[1]中當選的總統。他曾負笈美國，在南加州大學取得博士學位，並在美國擔任了一段時期的教師，才回到埃及。

埃及轉變成嚴格的伊斯蘭國家，令國民不滿

穆希雖然長期旅居美國，卻沒有被美國思想同化，反而是一個重視伊斯蘭價值觀的伊斯蘭主義者。他也曾是「穆斯林兄弟會」（Society of the Muslim Brothers）中的活躍成員。

然而，穆希總統的經濟政策成效不彰，使得失業率創下近二十年來的新高。

此外，穆希政權有著濃厚的伊斯蘭色彩，這也讓習慣了世俗政權[2]的眾多年輕人感到難以接受★。年輕人害怕自己的家園變成激進的伊斯蘭國家，於是再度為了打倒政權而走上街頭。

「穆斯林兄弟會」是一個什麼樣的組織呢？

穆斯林兄弟會歷史悠久，最早可回溯至一九二八年。其創始人為曾任國

1 譯注：是指符合普通、平等、直接、無記名等原則的選舉。
2 譯注：指對於宗教保持中立，沒有對任何一種個別的宗教習俗持贊成或反對態度的政權。

★穆希　伊斯蘭基本教義派（Islamic fundamentalism）的「伊斯蘭兄弟會」前成員。「阿拉伯之春」中，將埃及推向民主化的最大功臣就是民主派人士，但民主派在選舉時推出了多名候選人，使得票數分散，在第一輪投票就悉數被淘汰。二〇一二年六月的第二輪決選中，只剩舊體制派候選人（穆巴拉克政權的最後一任總理）及穆希兩人角逐總統大位。真正主導阿拉伯之春的民眾，被迫在舊體制和伊斯蘭基本教義派之間做選擇，因此多數人在第二輪選舉時放棄投票權。

★（埃及民眾的）難以接受　雖然極力爭取民主，結果卻被伊斯蘭基本教義派的伊斯蘭兄弟會奪去政權。獨裁政權的垮台固然值得高興，但緊接而來的卻是伊斯蘭基本教義派勢力擴張，人民所追求的民主依舊無法實現。民眾最後得到的竟是如此諷刺的結果。

中老師的哈桑・班納（Hassan al-Banna）。

班納在留美期間，因身處於基督教社會中，而醒悟到「自己是一名伊斯蘭教徒」。同時，他十分感嘆於埃及已成為一個與伊斯蘭教的理想背道而馳的國家，於是成立了穆斯林兄弟會，以「回到傳統而美好的先知穆罕默德的時代」為其宗旨。

班納的思想就這樣在阿拉伯世界遍地開花，穆斯林兄弟會的分支組織也在各地成立，其中還衍生出了「激進份子」。巴勒斯坦的「哈馬斯」（參照70頁）原本也是穆斯林兄弟會位於巴勒斯坦的一個分支。

穆希當選後，埃及國民與國際社會開始產生疑慮，害怕伊斯蘭基本教義派的勢力會因而擴張，於是穆希在勝選後的第一場演說中，明白表示他已退出了穆斯林兄弟會。其用意就是要向埃及國民與國際社會強調，自己並不是特定勢力的代表，而是一個屬於全埃及國民的總統。

重點在此！

✵二〇一二年的選舉中當選總統的穆希，是穆斯林兄弟會的成員。

✵多數伊斯蘭基本教義派激進份子，是從穆斯林兄弟會分支出的集團組織。

結果，埃及又走回軍事政權的老路

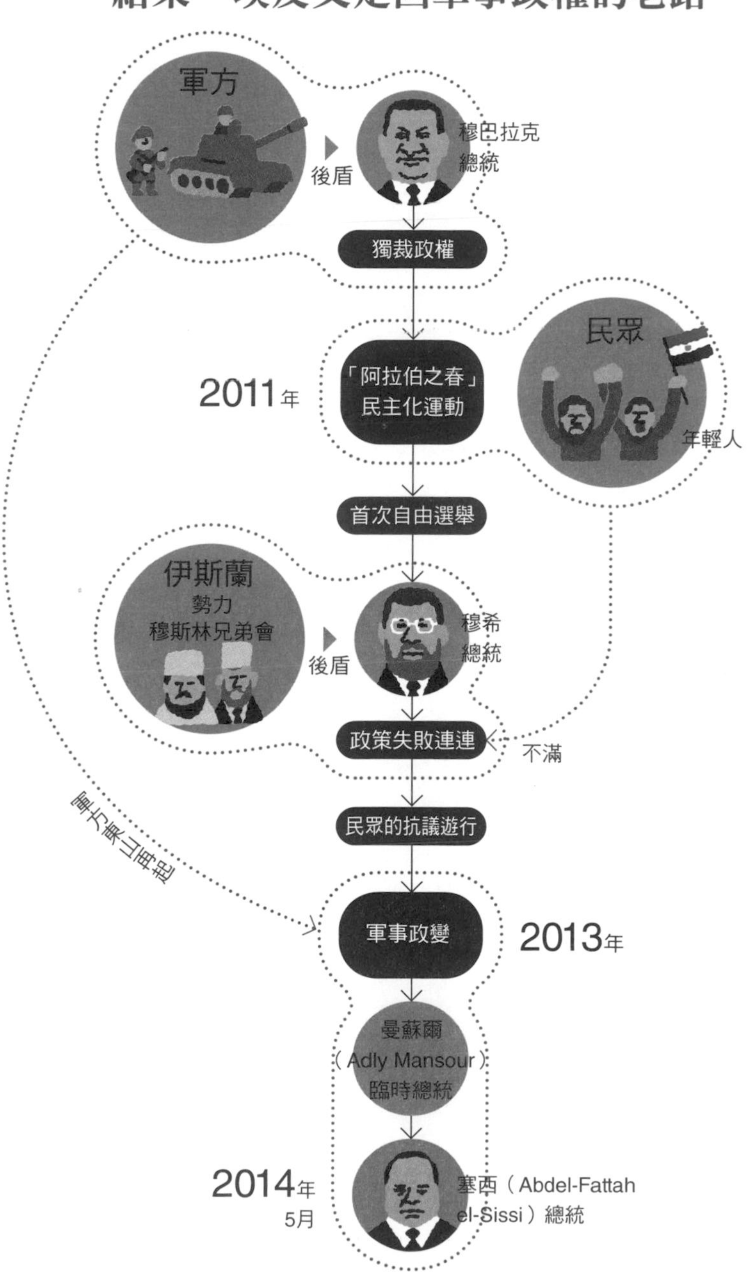

存在埃及的穆斯林兄弟會究竟是什麼？

靠著「阿拉伯之春」，穆斯林兄弟會重新成為政治舞台上的焦點。穆斯林兄弟會曾在穆巴拉克政權下受到壓迫，背後的原因是什麼？

埃及自建國以來，一直存在著宗教對立的問題。在埃及，多數國民信奉伊斯蘭教，但有約一成的人口是科普特基督徒★，他們信奉的「科普特正教會」是基督教的一個分支。「科普特」在希臘語中是指「埃及」，而「科普特正教會」則是從原始基督教中衍生出的埃及特有基督教。早在伊斯蘭教傳入埃及之前，科普特基督徒就一直居住在這個地區。

科普特基督徒與伊斯蘭教徒之間，因想法和生活習慣上的差異，造成根深蒂固的對立，除此之外，科普特基督徒也曾受伊斯蘭基本教義派攻擊。

穆希之所以脫離穆斯林兄弟會，就是要透過這個舉動來向國內的科普特基督徒表達「自己並不會歧視基督徒」。

過去，埃及曾有過迫害「穆斯林兄弟會」的事件。

★科普特基督徒　科普特基督徒信奉的科普特正教會，被視為世界最古老的基督教教派。信徒人數占埃及總人口的10到12%。從歷史來看，科普特基督徒自古存於埃及，但伊斯蘭主義者卻對屬於少數的科普特基督徒抱持敵對的態度。

位於埃及的科普特正教會的教堂。

讓我們稍稍回顧一下這段歷史。

說到埃及，大家應該會想到「阿拉伯世界的盟主」。但在四次以阿戰爭中，埃及都敗給了以色列。一九六七年六月，賈邁勒・阿卜杜勒・納瑟總統在位時的第三次以阿戰爭中，埃及的西奈半島被以色列占領。

納瑟對伊斯蘭基本教義派抱持批判性的態度，在他死後繼任總統的安瓦爾・沙達特（Anwar Sadat），也承繼了這種思想。沙達特認為，要討回西奈半島，就不得不承認以色列的存在。

沙達特總統遭穆斯林兄弟會暗殺

埃及的沙達特總統與以色列簽定和平協議，雙方約定不再互相攻打。以色列答應埃及歸還西奈半島（Sinai Peninsula），同時埃及也承認以色列是一個正式的國家。這就是所謂的「以土地交換和平（land for peace）」。

然而，埃及對以色列的妥協，引發了穆斯林兄弟會的反彈。一九八一年十月，沙達特總統在埃及的閱兵典禮中，遭到加入了穆斯林兄弟會的軍人暗殺。

這時，沙達特總統身旁的穆巴拉克副總統，僥倖逃過一劫。穆巴拉克當上總統後，徹底打壓與迫害穆斯林兄弟會，並將其列為非合法組織，並因此得到美國的支援，就連歐美各國也默許其迫害行為。自此之後，穆斯林兄弟

★西奈半島　位於埃及東北端，向紅海突出的三角形半島。一九六七年，第三次以阿戰爭後，被以色列占領。一九八二年四月起開始進行回歸埃及的作業，並於一九八九年完成所有程序。

會不再進行激進抗爭，變成一個地下組織，在地方上從事醫療活動與慈善事業，使組織得以殘存下來。正是因為穆斯林兄弟會穩健踏實的社會活動廣受平民青睞，才能頑強地存至今日。

經過了一場「阿拉伯之春」，穆斯林兄弟會又一口氣躍上了政治舞台。因為在穆巴拉克政權垮台後，穆斯林兄弟會立刻組成了名為「自由公正黨」的政黨。穆希總統雖然公開脫離組織，但仍舊把埃及推向伊斯蘭化，因而造成世俗派[3]的不滿。結果，不知不覺中埃及竟又走回了軍事政權的老路。二〇一四年六月，前國防部長阿卜杜勒・法塔赫・塞西（Abdel-Fattah el-Sissi）選上了埃及總統。

穆斯林兄弟會又再度成為潛伏於地下的非法組織，目前的埃及形同回到了「阿拉伯之春」前的軍事政權掛帥的狀態。看來埃及對於穆斯林兄弟會，依舊抱持著根深蒂固的不信任感。

3 譯注：指主張在社會生活和政治活動中擺脫宗教控制的人士。

重點在此！

✷ 埃及自建國以來，科普特基督徒與伊斯蘭教徒的對立一直存在。

✷ 埃及又倒退回「阿拉伯之春」前的狀態。

曾為激進組織的穆斯林兄弟會

沙達特總統

埃及

簽訂和平協議

以色列

以色列歸還西奈半島。
埃及承認以色列為正式國家。
「以土地交換和平」

穆斯林兄弟會反彈
॥
暗殺沙達特總統！

1981年10月6日，沙達特總統在埃及開羅觀看閱兵典禮時，遭到加入了穆斯林兄弟會的軍人暗殺（照片中央）。在照片右方的是當時的穆巴拉克副總統，爾後他當上總統掌握了軍事獨裁政權，並執政長達30年，直到阿拉伯之春爆發為止。

拍攝：AP／aflo

敘利亞內戰是中東內部衝突及大國對立下的代理戰爭

敘利亞因「阿拉伯之春」陷入僵持不下的內戰。二〇一四年六月，巴夏爾成功地在總統選舉中第三次連任。敘利亞的現況究竟如何？

「阿拉伯之春」給了阿拉伯人夢想，但現實卻是殘酷的。其中下場最糟的國家應屬敘利亞，至今仍不斷上演流血事件。敘利亞阿拉伯共和國，是一個什麼樣的國家呢？

一九七〇年，哈菲茲・阿塞德（Hafez al-Assad）發動軍事政變，掌握了敘利亞的實權，於翌年就任總統。此後他便以獨裁者的身分統治敘利亞，直到二〇〇〇年六月過世為止。哈菲茲死後，由其子巴夏爾・阿塞德（Bashar al-Assad）**選上總統★**。巴夏爾成為了一名世襲的總統。敘利亞的憲法規定，必須由復興黨（阿拉伯社會主義復興黨）來「領導國家」。

敘利亞與伊朗同為「反美國家」，現今總統巴夏爾的父親哈菲茲，在東西冷戰時代就與蘇聯交好。現在也和俄羅斯保有良好的關係。

★選上總統　內戰不斷的敘利亞在二〇一四年六月三日，進行了總統選舉。這場因巴夏爾總統任期屆滿舉辦的選舉，首次推出兩名以上候選人參選，最後由巴夏爾總統獲得了88.7%的得票率，壓倒性地勝過其他候選人，連任總統。敘利亞的總統任期為七年，這是巴夏爾的第三任總統任期。

多數的敘利亞國民信奉伊斯蘭遜尼教派，但總統的家族信奉的是，伊斯蘭什葉教派中一支名為阿拉維派★的少數派別。因此敘利亞的國家架構是，由阿拉維派的阿塞德家族★，掌控八成國民所信奉的遜尼教派。

為何國際不介入敘利亞的內戰？

「阿拉維」意指「阿里的追隨者」，雖然是什葉派的一支，但教義中卻有著類似印度教的輪迴轉世思想。

伊斯蘭教的教義中，只有現世和後世，輪迴轉世對他們來說是無稽之談。阿拉維派卻認為，生前作惡多端的人死後會投胎成畜生，生前的行為會決定死後投胎成何種動物。看在多數的遜尼派國民眼中，自然會覺得「這根本就不是伊斯蘭教」。

不過，對什葉派國家的伊朗而言，他們難得找到同屬什葉派的夥伴，因此大方承認了阿拉維派也算是什葉派的一支。

敘利亞長期籠罩在白色恐怖之下，國民只要調侃巴夏爾的長脖子像長頸鹿一樣，就會遭到逮捕。另外，在其父的哈菲茲政權時期，位於敘利亞西部的城市哈馬（Hama）成為穆斯林兄弟會據點後，立即遭到軍方不分平民或武裝人員的無差別攻擊。當時的暴行造成兩萬人被屠殺，城市也化成焦土。

★阿拉維派　什葉派的分支，是伊斯蘭社會中的極少數派，他們採納了輪迴轉世等的印度教思想，具有獨特的教義。巴夏爾政權屬於在敘利亞占不到兩成人口的阿拉維派。因此，在宗教上敘利亞的政治架構是：以少數的阿拉維派統治多數的遜尼派。

★阿塞德家族　第一次世界大戰結束後，敘利亞於一九二〇年成為法國的委任統治地。一九六一年，敘利亞自法國獨立。一九七一年，哈菲茲・阿塞德獲選為總統。二〇〇〇年，阿塞德去世後，由其子（次子，長子已過世）巴夏爾・阿塞德就任總統。換言之，從哈菲茲到巴夏爾是一代傳一代的世襲式總統。

利比亞發生內戰時，北約（北大西洋公約組織／North Atlantic Treaty Organization，NATO）說他們「有必要保護市民」，於是派出以法國為首的聯軍介入，但為何在敘利亞也發生內戰時，卻沒有比照辦理？

原因在於，之前對利比亞進行安理會決議時，俄羅斯與中國選擇棄權，未行使否決權，因此北約聯軍的攻擊行動才能順利執行，最後使得格達費政權垮台，然而，俄羅斯和中國卻因此喪失了對利比亞的主導權。兩國經過這次的「反省」，便在對敘利亞進行安理會決議時，行使了反對權。

利比亞是石油大國，產出的石油品質佳，硫磺成分較少。過去，格達費政權與俄羅斯、中國保持著友好關係，因此兩國擁有該國石油的主導權。

北約聯軍遲遲未介入的這段期間，敘利亞的情勢持續惡化，因巴夏爾政權與反政府勢力的內戰僵持不下，到二〇一四年四月為止，已造成了超過十五萬人喪命。許多難民為了躲避動亂，而逃往鄰國的土耳其、約旦、黎巴嫩等國。

巴夏爾總統在選舉中獲得壓倒性勝利，連任第三任總統。（照片提供：SANA／AP／Aflo）

重點在此！

✷ 總統家族是信奉伊斯蘭什葉教派中名為阿拉維派的少數派別。

✷ 敘利亞持續內戰，陷入了比「阿拉伯之春」前更惡劣的狀態。

在敘利亞持續上演的代理戰爭

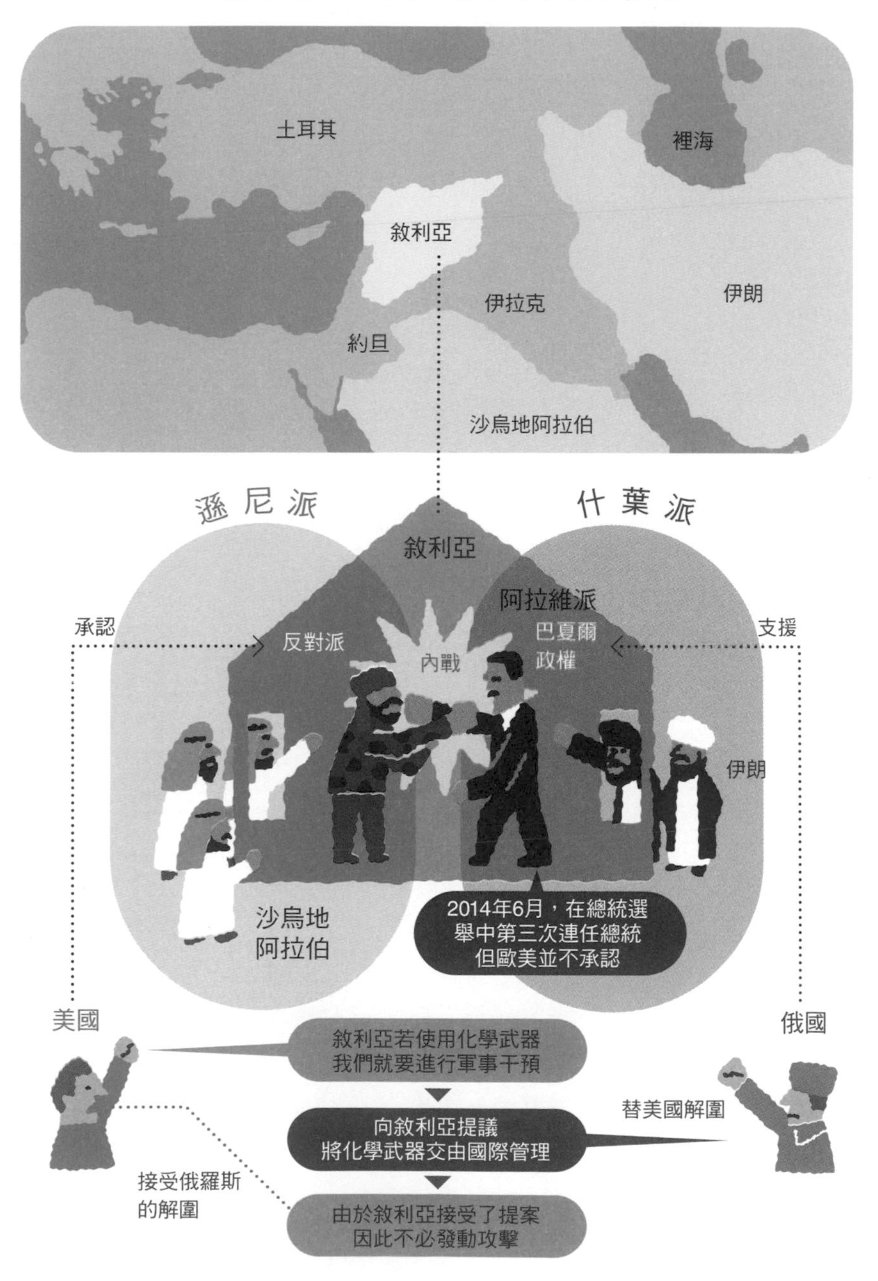

不可思議的阿拉伯獨裁國家「卡達」

「阿拉伯之春」走了，「嚴酷的夏日」降臨阿拉伯地區。在一片哀鴻之中，「卡達」的經濟卻異軍突起。卡達是一個什麼樣的國家？

我是親自到當地採訪才知道一件事——北約聯軍和美軍在利比亞的格達費政權被推翻的前一刻，並沒有派遣陸上部隊進入利比亞。

我一直無法理解，光靠反政府勢力，要如何打倒格達費身邊擁有最新武器的精銳軍隊。

我們經常能在電視上看到利比亞反政府勢力的影像，但他們的武器怎麼看都很落後，也沒有建立統一管理的制度。若是沒有穩固的軍事組織在背後支撐，他們是不可能戰勝利比亞政府軍的。

後來，謎底終於揭曉——利比亞反政府軍之所以能打倒格達費政權，是因為得到了卡達的支援。

卡達暗中派遣陸上部隊至利比亞，並由卡達軍的精銳特種部隊帶頭，攻入格達費的總統官邸。

當反政府勢力建立起政權時，會插起曾幫助過自己的國家的國旗，而利比亞反政府軍第一個插起的，正是卡達的國旗。

為阿拉伯帶來新聞自由的半島電視台

提到卡達，或許日本人第一個想到的是「杜哈（Doha）★悲劇」。

一九九三年十月，世界盃足球亞洲區最後一輪資格賽在卡達的首都杜哈舉行。日本代表隊在比賽正規時間結束後的傷停補時中，被伊拉克追成平分，最後含恨而退，沒有取得出戰世界盃的席位。

卡達位在從阿拉伯半島向外突出的狹小半島上。過去，卡達是由現任元首的父親哈邁德・本・哈利法・阿勒薩尼（Hamad bin Khalifa Al Thani）一手掌握大權的獨裁國家，但「阿拉伯之春」並沒有在此發生。

原因無他，只因卡達的元首皆十分開明，他們認為一定要將這個同時身為阿拉伯及伊斯蘭的世界，變成一個民主主義的國家。

當時卡達的元首哈邁德在國民沒有要求的情況下，主動承認了女性的參政權，並想創立一家擁有言論自由的電視台。於是「半島電視台」成立，其總公司位於卡達，哈邁德還自掏腰包，填補營運赤字。

★杜哈的榮景　卡達是全球第一的液化天然氣（Liquefied Natural Gas）出口國，經濟成長率是波斯灣沿岸各國中最高的。二〇二二年世界盃足球賽將在杜哈舉辦，卡達也預定在此建造一座具有空調設備的球場。杜哈沿岸有一座名為「珍珠島（The Pearl）」的人工島，島上所興建的高級住宅，最高要價一百四十萬美元。卡達航空日本羽田飛杜哈的航線，於二〇一四年六月首次通航。目前三十三歲當上元首的塔米姆（Tamim bin Hamad Al Thani），是英國威廉王子的昔日同窗。

★半島電視台　前卡達元首哈邁德希望創立一個保有言論自由的電視媒體，因而成立了半島電視台。在此之前，阿拉伯世界中從未出現過擁有新聞自由的電視台，所有電視台都是國營事業，絕不可能批判政府。半島電視台屬於衛星轉播頻道，因此無論在哪裡，只要安裝衛星碟型天線（小耳朵）就能自由收看。即使是反政府運動，半島電視台也能不受限制地加以報導。

重點在此！

✸中東並非都是壓抑性的國家。

✸卡達是由上至下地實踐了民主主義的國家。

不僅如此，二〇一三年六月，哈邁德元首還主動退位，將元首之職傳給其子塔米姆。相較於眾多長期緊握大權不放的獨裁者，這實在是一項驚人之舉。

卡達是推動了「由上而下的民主化改革」的稀有國家。而且，由於其境內設有美軍基地，就算四周的阿拉伯各國意圖攻擊這個小國家，也會因為美軍基地的存在而不敢輕舉妄動。卡達就是透過接受設置美軍基地的要求，來保障自己國家的安全。

除此之外，卡達的經濟也正持續向上發展，他們藉由豐富的天然氣賺取外匯，至今已收購了英國的高級百貨公司「哈洛德（Harrods）」、新加坡的「萊佛士酒店（Raffles Hotel）」等公司。另外，其社會福利也很完善。在卡達，不課所得稅、消費稅，而且接受醫療、教育都是免費。同樣是阿拉伯的獨裁者，卡達的獨裁者卻和那些只顧把賺來的錢揣入自己與王族口袋中的人完全不同，這些都使卡達成為備受矚目的阿拉伯國家。

阿拉伯世界中備受矚目的特殊國家

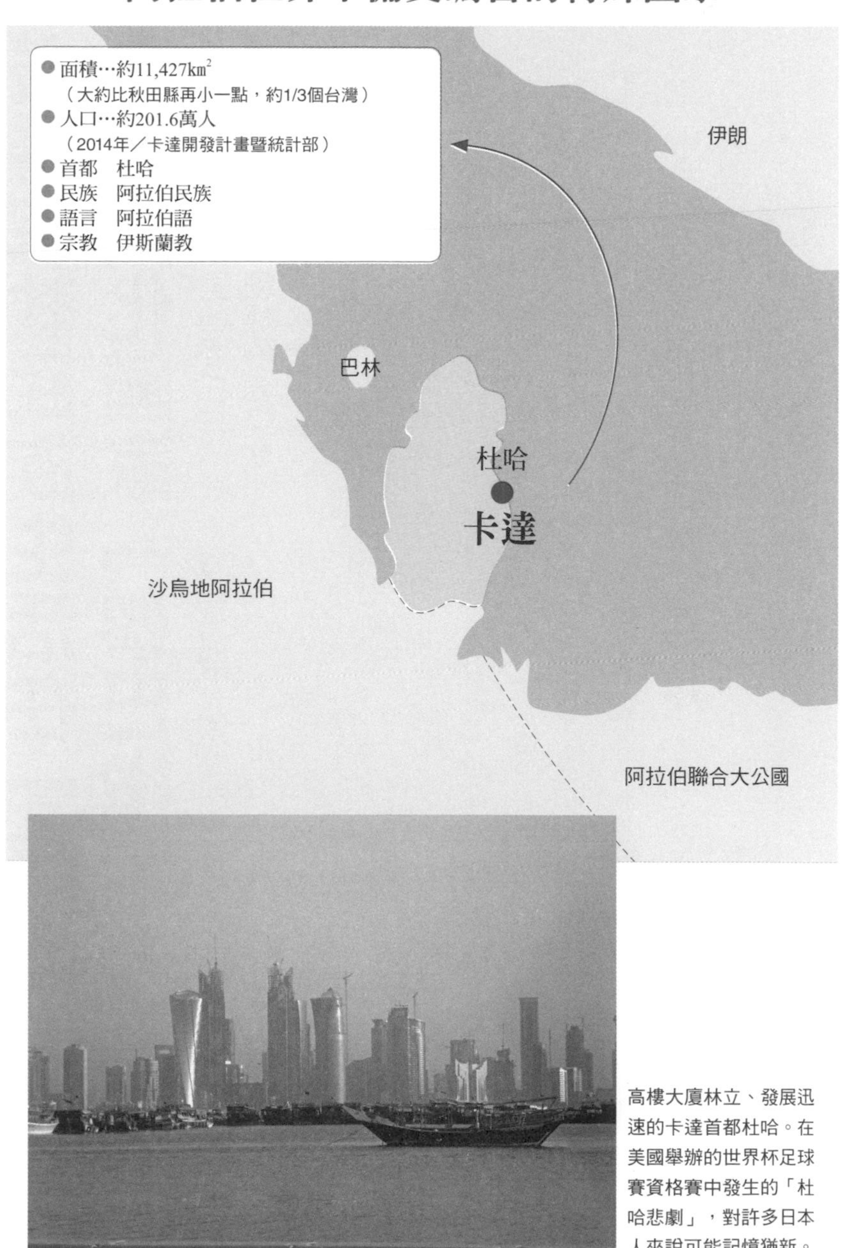

高樓大廈林立、發展迅速的卡達首都杜哈。在美國舉辦的世界杯足球賽資格賽中發生的「杜哈悲劇」，對許多日本人來說可能記憶猶新。

各種宗教民族生活在一起的多元文化國家「黎巴嫩」

黎巴嫩曾經是法國的委任統治地，有「馬賽克國家」之稱。
黎巴嫩是一個什麼樣的國家？

黎巴嫩共和國因境內的民族、教派互不相容，而有「馬賽克國家」之稱。

黎巴嫩曾是法國的委任統治地。過去，敘利亞與黎巴嫩是一個合稱為「大敘利亞」的國家，但法國擔心「萬一整個大敘利亞發動獨立運動的話，情況將會變得不可收拾」，於是將此地切分成兩個國家。

法國認為，各種民族、宗教的人互相摻雜的話，就會產生混亂而無法發動獨立運動，所以透過人為的方式，在沿岸地區建立了一個稱為「黎巴嫩」的國家。

黎巴嫩境內所包含的伊斯蘭教和基督教的教派，多達十八種。歷經過長達十五年的宗教間內戰，現在這個相當於日本岐阜縣大小[4]的土地上，人口約為四百三十萬人。最近，來自敘利亞的難民人數也在增加。

★阿舒拉節（Ashura） 伊斯蘭什葉教派的宗教儀式。信徒會徒手捶打自己的身體，或以刀具自殘等的方式，悼念先知穆罕默德的外孫伊瑪目海珊。

二〇一二年十二月，我曾赴黎巴嫩，採訪了十二伊瑪目派的宗教祭典「阿舒拉節（Ashura）★」。十二伊瑪目派，是什葉派的最大支派。

街頭上出現了異樣的景象——有許多年輕人一邊列隊行進著，一邊高喊：「賜死美國！賜死以色列！」

黎巴嫩國內存在反以色列勢力的「真主黨（Hezbollah）★」。

黎巴嫩的反以色列勢力曾以飛彈攻擊以色列，遭受攻擊的以色列憤而出兵攻占黎巴嫩南部。該地除了黎巴嫩人還有許多巴勒斯坦難民，結果使得許多人因而喪生。這件事情過後，黎巴嫩南部地區的居民就在伊朗的支持下，組成了一個反以色列組織，這個組織正是「真主黨」。

伊斯蘭激進組織「真主黨」

真主黨意指「真主阿拉的黨派」，是伊斯蘭什葉教派的激進組織。伊朗因為同樣信奉什葉派，而對真主黨伸出援手。真主黨至今仍在伊朗的支援下，與以色列對峙。據說，真主黨比黎巴嫩的國軍還要實力強大。

中東的以色列與美國關係十分親密。這是為什麼呢？

住在以色列的猶太人約有五百四十萬人，但住在美國的猶太人也約有五百三十萬人，數量幾乎相等。而且猶太人在美國社會中掌握著絕大的影響

4 譯注：約為台灣的三分之一。

★真主黨（Hezbollah）以黎巴嫩南部為據點的什葉派武裝組織。一九八二年，以色列軍趁黎巴嫩內戰時入侵黎巴嫩，黎巴嫩人為抵抗以色列軍而組成真主黨。真主黨採取反歐美的立場，以殲滅以色列為組織理念，並得到伊朗和敘利亞的支援。

力，在金融界更是實力堅強，也貢獻了龐大的政治獻金。

無論總統或國會議員，只要不拉攏以色列的話，就不可能在下次選舉中勝選，所以沒有人敢忽視他們的存在。

一九四七年十一月，聯合國的「巴勒斯坦分割方案」其實採取了十分不平等的分割方式，因為原本就住在這裡的巴勒斯坦人必須讓出大約一半的土地，給人數不到他們三分之一的猶太人。

隨後，以色列建國，美國和舊蘇聯都承認了這個國家。

阿拉伯人對此憤怒至極，組成了阿拉伯聯軍向以色列宣戰，但最後還是以色列得到壓倒性的勝利。

最近，以色列出現了一名強硬派的總理班傑明・尼坦雅胡（Benjamin Netanyahu），造成以阿雙邊的和平談判之路變得更加艱鉅。

尼坦雅胡總理甚至在約旦河西岸地區建設過去沒有的屯墾區，供猶太人入住。

此舉就連美國也看不下，出面表示譴責。

重點在此！

✸過去，黎巴嫩曾與敘利亞同屬一個國家，名為「大敘利亞」。

✸存在於黎巴嫩國內的「真主黨」是反以色列勢力的武裝組織。

馬賽克國家黎巴嫩的樣貌

賽普勒斯

敘利亞

黎巴嫩共和國

貝魯特

約旦

以色列

- 面積…約10.452㎞²
  （相當日本岐阜縣大小，不足1/3個台灣）
- 人口…約426萬人（2011年世界銀行）
- 首都…貝魯特
- 民族…阿拉伯民族（95%）
  阿美尼亞族（4%）、其他（1%）
  （2013年CIA The World Factbook）
- 語言…阿拉伯語（通用法語及英語）
- 宗教…基督教（馬龍派、東方正教、
  東儀天主教、羅馬天主教、亞美尼亞正教）
  伊斯蘭教（什葉派、遜尼派、德魯茲派）
  等18個教派

❶安傑爾（Anjar），8世紀的城郭城市遺跡，世界遺產。
❷巴勒貝克（Baalbek），古代遺跡，世界遺產。
❸伊斯蘭什葉教派的宗教祭典「阿舒拉節」的景象。攝影：AP／Aflo

激進份子的恐怖攻擊不會絕跡？阿爾及利亞的因阿邁納斯人質事件

日本商務人士變成伊斯蘭激進份子恐攻的犧牲品，阿爾及利亞躍上新聞版面。阿爾及利亞也有「阿拉伯之春」嗎？

二〇一三年一月，阿爾及利亞的天然氣加工廠中發生了伊斯蘭恐怖份子挾持人質的事件，多名日本企業的員工因而喪生。這個事件對日本人造成了巨大的衝擊。阿爾及利亞民主人民共和國究竟是一個什麼樣的國家呢？

阿爾及利亞有一大半的國土是撒哈拉沙漠。99％的國民信奉伊斯蘭遜尼教派。

十九世紀，西非多數區域受法國統治，阿爾及利亞也是其中之一。一九六二年，阿爾及利亞自法國獨立。

這場獨立運動的經過還被拍成電影《阿爾及爾之戰》（*La battaglia di Algeri*）。

獨立之後，曾在獨立戰爭抗戰的民陣（阿爾及利亞民族解放陣線／

★阿爾及爾之戰　一九六二年，阿爾及利亞自法國獨立。在此之前，經歷了一場漫長的獨立戰爭，這場戰爭還被拍攝成電影《阿爾及爾之戰》。法國當時雖然承認了摩洛哥與突尼西亞的獨立，卻不能容許阿爾及利亞的民族自決。（編注：阿爾及爾為阿爾及利亞首都。）

National Liberation Front）獨掌國家大權，成為一黨專政的社會主義國家。然而民眾對此愈來愈不滿，東西冷戰即將結束的一九八八年，民眾為爭取民主化，國內各地發生了許多自發性的暴動。

阿爾及利亞因此逐漸邁向民主化。也就是說，阿爾及利亞在早「阿拉伯之春」將近二十年前，就發生過和「阿拉伯之春」一樣的民主化運動。他們將獨裁政權推翻，舉行了民主選舉。

阿爾及利亞歷經「提前來臨的阿拉伯之春」

舉行了民主性選舉後，結果如何？結果變成讓伊斯蘭基本教義派得到了非常強大的勢力。

這麼一來，又有人開始擔心：「要是被伊斯蘭基本教義派奪得政權的話就慘了！」於是軍隊發動了軍事政變。阿爾及利亞因此陷入長期內戰，內戰也造成了大量的傷亡。

這場內戰使得伊斯蘭基本教義派又誕生了更為激進的勢力，那就是GIA「武裝伊斯蘭團體」（Armed Islamic Group）。這個團體已經不該稱作伊斯蘭激進份子，而該稱之為「殺人集團」了，他們是以殺人為樂的「瘋狂集團」。GIA襲擊各地村落，虐殺村民，持續在國內進行游擊活動。

此舉令許多國民心生厭惡，阿爾及利亞國內情勢因此漸趨穩定，一度出現和平的曙光。

利比亞原本就以金錢雇用了許多來自查德、尼日、馬利等國的士兵，在格達費政權垮台後，其原本雇傭的傭兵便流入了阿爾及利亞。

由雇傭傭兵這點可見，格達費不只對國民，連自己國家的軍隊也信不過。其政權垮台後，這些傭兵帶著利比亞軍火庫中最先進的武器逃亡，部分傭兵來到阿爾及利亞或馬利附近，與GIA匯合。攻擊前述天然氣加工場的恐怖份子，似乎與這群武裝份子關係深厚。

按照這樣的脈絡來看，那一場人質事件，可說是因格達費政權被「阿拉伯之春」推翻所引發的。

雖然周邊的國家爆發了「阿拉伯之春」，但這次阿爾及利亞卻幾乎沒有發生類似的活動，這是因為他們過去曾有過那段苦澀的經驗。

阿爾及利亞在將近二十年前，就經歷過「一推動民主化，基本教義派的勢力就會高漲」這樣的兩難局面，這段經驗，就像是「提前來臨的阿拉伯之春」。

★卡斯巴女郎（カスバの女） 阿爾及利亞境內有八成的土地是撒哈拉沙漠。蘇丹南北分裂後，阿爾及利亞成為非洲擁有最大國土的國家。境內擁有豐富的石油與天然氣，沙漠中零星散布著不少天然氣加工廠。恐怖攻擊發生在其中規模最大的天然氣加工廠。據說，在此工作的日本人平日會在KTV裡唱日文歌曲《卡斯巴女郎》。這首歌是在描述阿爾及利亞獨立戰爭時，一名女性愛上了派來當地鎮壓的法軍外籍傭兵。曲中有一句歌詞是：「這裡是陸地的盡頭阿爾及利亞」。

重點在此！

✹阿爾及利亞早在二十年前就發生過民主化運動。

✹因利比亞的格達費政權垮台，使得士兵與武器流入該國。

體驗過提前來臨的阿拉伯之春的阿爾及利亞

西班牙
阿爾及爾
突尼西亞
馬爾他
摩洛哥
阿爾及利亞人民民主共和國
西撒哈拉
利比亞
茅利塔尼亞
馬利
尼日
塞內加爾
查德
布吉納法索
幾內亞
貝南
獅子山共和國
象牙海岸
奈及利亞
多哥
迦納
賴比瑞亞
中非共和國
喀麥隆

- 面積…約238萬km²
  （非洲第一大。其中有200萬km²是沙漠。）
- 人口…3,780萬人
  （2013年，阿爾及利亞國家統計局）
- 首都…阿爾及爾
- 民族…阿拉伯民族（80%）
  柏柏族（19%）
  其他（1%）
- 語言…阿拉伯語（國語、官方語言）
  柏柏語（國語）
  法語（廣泛使用於國民間）
- 宗教…伊斯蘭教（遜尼派）

首都阿爾及爾的城市面貌。阿爾及利亞的自然環境十分嚴峻，大部份國土是沙漠。

「阿拉伯之春」削弱了蓋達組織的影響力？

賓拉登死後，依舊能在新聞聽到自稱是「蓋達組織」的勢力，許多國家都存在著蓋達組織嗎？

二〇一一年五月一日，被視為美國911恐攻事件主謀的奧薩瑪・賓拉登被殺身亡。賓拉登經歷大約十年的逃亡，在其潛伏的巴基斯坦境內遭到狙殺，這個事件讓一度在阿拉伯世界擁有強大影響力的勢力宣告終結。

賓拉登是蓋達組織的領袖，而蓋達組織是伊斯蘭基本教義派的恐怖組織。

蓋達組織的「蓋達」是阿拉伯語的「基地」之意。過去，蘇聯軍侵略同為伊斯蘭教國家的阿富汗時，阿拉伯各地的年輕人為了幫助阿富汗對抗蘇聯軍而聚集至此，當時他們將製作管理這些人的名單的地方稱作「蓋達」。

阿拉伯的獨裁者長期打壓國民，看重與美國之間的關係，造成年輕人不滿現狀。因此，主張「向美國發動聖戰」的賓拉登和蓋達組織，對這些年輕人而言十分具有吸引力。

然而，「阿拉伯之春」爆發後，阿拉伯在無須藉助武力和恐怖攻擊的情況下，將獨裁國家推翻，消滅了親美政權。

就算不採取像賓拉登一般的極端行動，民眾也能高舉自己國家的國旗，向獨裁者大喊：「滾出我們的國家！」民眾能像這樣自由地批判自己國家的獨裁政權，在歷史上極為罕見。

蓋達組織是伊斯蘭激進份子世界的一個「品牌」

然而，阿爾及利亞的人質事件發生時，新聞上又再度出現自稱AQIA（伊斯蘭北非蓋達組織／Al-Qaeda in the Islamic Maghreb）的組織。賓拉登所率領的蓋達組織，應該已經在美軍的攻擊下，被打得潰不成軍，無力再形成組織才對啊……。

其實，是各地出現了愈來愈多擅自以蓋達為名的組織。

AQIA組織名中的「Maghreb」來自法文，有「日落之處」之意，借指北非的馬格里布地區，此地區包括突尼西亞、阿爾及利亞、摩洛哥三國。這些國家都是深受日本女性喜愛的旅遊好去處，其中摩洛哥甚至是電影《慾望城市2》的外景拍攝地。

另外，在葉門一帶有一個自稱AQAP（阿拉伯半島蓋達組織／Al-Qaeda in

the Arabian Peninsula）的組織。巴基斯坦和索馬利亞則是分別出現了自稱「巴基斯坦塔利班（Pakistani Taliban）」和「青年黨（Al-Shabaab）」的伊斯蘭武裝勢力。

「蓋達組織」就像是擁有統一的品牌的許多「連鎖加盟店」。對伊斯蘭激進份子而言蓋達組織就是「名牌」，因為只要自稱蓋達組織，就會有認同反美思想的人提供資金援助，所以也有年輕人抱著就職的心態進入組織。

提到蓋達組織，我們一般會對中東裔的人有所提防，但現在有愈來愈多在歐洲土生土長的金髮碧眼的白人，信奉伊斯蘭教，並成為恐怖份子，他們被稱為「本土恐怖主義者（Homegrown terrorist）★」。

他們為自己國內的貧富差距等各種問題而煩惱，到最後把加入蓋達組織當作解決之道。這也成了一項十分嚴重的問題。

★本土恐怖主義者　近年出現愈來愈多人改信伊斯蘭教，加入武裝組織蓋達的例子。舉例來說，一名隸屬蓋達組織的法籍戰鬥員聲稱：「法國是協助美國反恐戰爭的國家。雖然法國是祖國，但仍然是我攻擊的對象。」估計全歐洲前往敘利亞加入蓋達組織的年輕人，已超過兩千多人。

重點在此！

＊各地出現擅自以「蓋達」為名的組織。

＊有愈來愈多歐洲年輕人加入蓋達組織。

蓋達組織是激進份子的品牌

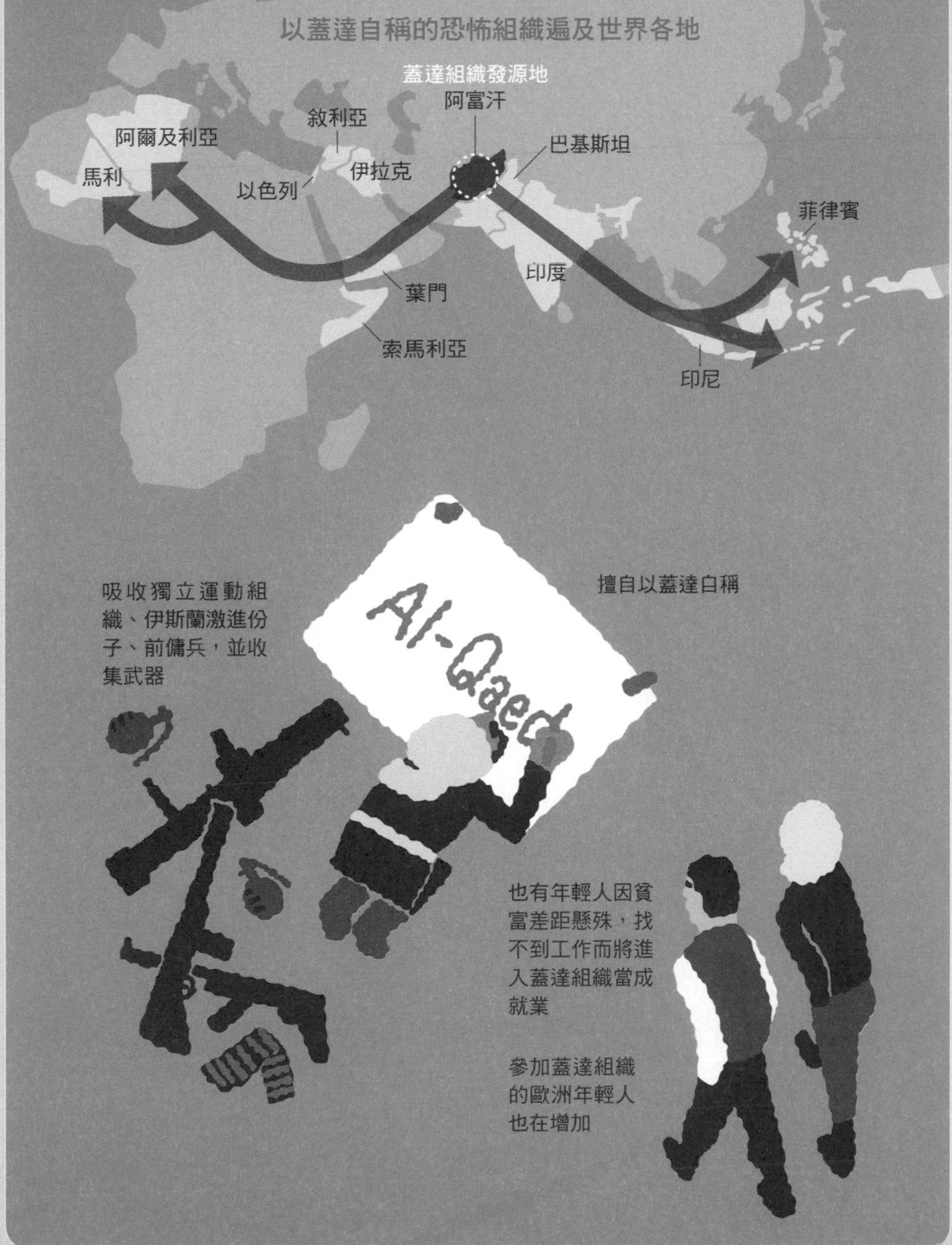

以蓋達自稱的恐怖組織遍及世界各地

蓋達組織發源地
阿富汗
敘利亞
阿爾及利亞
巴基斯坦
馬利
伊拉克
以色列
菲律賓
印度
葉門
索馬利亞
印尼

吸收獨立運動組織、伊斯蘭激進份子、前傭兵，並收集武器

擅自以蓋達白稱

Al-Qaed

也有年輕人因貧富差距懸殊，找不到工作而將進入蓋達組織當成就業

參加蓋達組織的歐洲年輕人也在增加

奈及利亞發生女學生綁架案。博科聖地到底是什麼？

西非的奈及利亞發生了女學生集體綁架案。到底是誰？為了什麼目的犯下這種案件？

二〇一四年四月，奈及利亞東北部發生了一起武裝份子襲擊學校，綁架了兩百多名女學生的案件。

犯下這起案件的是名為「博科聖地（Boko Haram）★」的伊斯蘭激進組織。這究竟是一個什麼樣的組織？

在回答這個問題之前，先告訴各位一個小知識。在非洲有「奈及利亞」和「阿爾及利亞」這兩個國家，一個是「奈」，一個是「阿爾」（譯注：兩者分別與日語的「沒有」和「有」諧音），兩者到底有什麼不同？

奈及利亞的北方有一個名為尼日共和國的國家，尼日河縱貫這兩個國家。尼日在法語中，有「黑色河流」之意。

「尼日」用英語發音，就變成了「奈及」，而「利亞」則在拉丁語中有

★博科聖地　他們對伊斯蘭教有一套獨特的解釋，並根據這套解釋採取激進的行動。以女性不需受教育為由，襲擊女學生的組織，除了博科聖地外，還有巴基斯坦塔利班。博科聖地一邊聲稱「女性必須受到保護」，一邊試圖奪走少女們的性命，言行十分矛盾。這類激進份子多數都是沒有得到足夠教育的年輕人，因此視野狹隘，容易形成偏激的思想（譯注：此組織於二〇一五年三月八日正式宣布效忠伊斯蘭國，同年四月更名為「伊斯蘭國西非省（Islamic State West Africa Province）」。

「～之國」的意思。因為這裡曾是英國的殖民地，所以被取名為「尼日之國＝奈及利亞」。

至於「阿爾及」則是在阿拉伯語中的「多島」之意。這裡變成法國的領土後，就被取名為「阿爾及之國＝阿爾及利亞」了。

「Boko Haram」原意為「西洋教育是有罪的」

「博科聖地（Boko Haram）」是這個組織的通稱，其正式名稱若從阿拉伯語翻譯過來，就是「致力傳播先知教導及聖戰的遜尼派伊斯蘭教徒」（Group of the People of Sunnah for Preaching and Jihad）。

後來當地人將他們稱為「Boko Haram」，意指「西洋教育是有罪的」。組織成立之初，他們曾自稱「奈及利亞的塔利班」。塔利班就是一度統治阿富汗，還曾藏匿賓拉登的激進組織。

阿富汗的塔利班也禁止女性受教育，他們認為女性應待在家中。塔利班的思想流入了鄰國的巴基斯坦後，該國也成立了「巴基斯坦塔利班」，這個組織同樣對女性受教育持否定態度。他們接二連三地炸毀巴基斯坦北部的女子學校。

也就是說，巴基斯坦所發生的事，這次換成透過「博科聖地」主導，在

在聯合國大會上發表演說的馬拉拉。她呼籲「讓所有的孩子們都能接受教育」（攝影：路透社／Aflo）

★馬拉拉・尤沙夫賽　一九九七年生，巴基斯坦的人權鬥士。身在伊斯蘭武裝組織塔利班勢力所及的巴基斯坦，積極主張女性受教育的權利與人權。二〇一二年，馬拉拉遭武裝組織開槍射擊，身受重傷。二〇一四年，她獲頒諾貝爾和平獎，成為受全球矚目的人物。

奈及利亞上演。

奈及利亞是世界數一數二的產油國，近年來經濟發展卓越，但同時貧富差距也愈來愈懸殊。尤其，在眾多伊斯蘭教徒居住的北部地方，發展特別落後。因為貧民多使得治安惡化，這也是博科聖地勢力得以壯大的原因之一。

奈及利亞過去曾是英國的殖民地，因此有許多基督徒，但來自北部的尼日和查德的伊斯蘭教在此普及後，便有人開始反對奈及利亞一直以來採行的英國式教育。

之所以反對，是因為他們把歐美式的學校教育看作殖民主義的統治手法，認為「應該教導大家正確的伊斯蘭思想」。

貧窮與無知造就了激進的恐怖主義。事實上，「博科聖地」的年輕人們才是最需要接受教育的一群。

★激進份子之後的動向／法國查理周刊總部槍擊案　二〇一五年一月七日，恐怖份子襲擊法國的《查理周刊》（Charlie Hebdo）雜誌社總部，殺害十二名人員。襲擊的理由是，該周刊刊載穆罕默德的諷刺漫畫。但在事件發生後，該周刊又刊載了一幅諷刺漫畫，上頭畫著穆罕默德留著眼淚，手舉「我是查理（Je Suis Charlie）」的標語，進而引發許多法國人超越黨派，一起宣稱「我是查理」，以捍衛言論自由。然而從另外一方面來看，伊斯蘭教禁止偶像崇拜，光是畫出穆罕默德的畫像都是不被允許的。輿論出現兩股分歧的意見，一邊認為這種諷刺屬於言論自由，另一邊則認為這是一種褻瀆行為。

重點在此！

✵ **博科聖地認為「西洋教育是有罪的」。**

✵ **「貧窮」與「無知」造就出激進的恐怖主義。**

博科聖地以反西洋為宗旨

阿爾及利亞

尼日

奈及利亞

主要是在奈及利亞東北部不斷進行恐怖攻擊。

博科聖地
＝
「西洋教育是有罪的」
以此為名的
伊斯蘭激進組織

否定女性受教育

2014年4月攻擊學校。綁架了200多名女學生

之後，
他們揚言：
「要將女學生販賣為奴。」

＋

反西方文明

襲擊居住眾多基督徒的村莊

美軍終於要自阿富汗撤退。復興之路的前景如何？

阿富汗戰爭結束後，在二〇〇四年，於總統選舉中當選的卡賽，被眾人認為是「美國的傀儡」。如今阿富汗有一名新的總統誕生。

二〇一四年五月，美國以交換一名被阿富汗的塔利班囚禁的美國士兵為條件，釋放了被關在古巴關達那摩灣美軍基地（Guantanamo Bay Naval Base）的五名塔利班幹部。美國此舉被解讀為「為結束戰爭鋪路」。

美國是在二〇〇一年底，以「窩藏美國911恐攻事件主謀賓拉登」為由，打倒了塔利班政權，此後，美軍便持續在阿富汗駐留，對抗化作游擊隊組織的塔利班，但後來歐巴馬總統宣布，將於二〇一六年底以前，全數撤回駐紮在阿富汗的美軍。對塔利班而言，這無疑是成功驅逐外敵，在戰爭中贏得「勝利」。

到了六月，阿富汗進行了總統選舉的決選投票。

根據憲法規定總統不得三度連任，所以哈米德・卡賽（Hamid Karzai）總統無法再次角逐總統之位，參加競選的是前外交部長阿布杜拉等，共有八名

★決選投票　二〇一四年四月，阿富汗舉行總統選舉，結果未出現得票過半的候選人，因此又在六月舉行決選投票，由排名前一、二高票者——得票率約45％的前外交部長阿布杜拉・阿布杜拉（Abdullah Abdullah），以及得票率約32％的前財政部長阿什拉夫・甘尼（Ashraf Ghani）——共同角逐總統寶座。阿布杜拉是塔吉克族，有眼科醫師執照，他公開發表過支持女性人權的言論，立場較為自由開放。甘尼則是普什圖族，擁有美國哥倫比亞大學博士學位。

候選人。當選總統的條件是得到過半數的選票，但在第一次投票中，沒有任何候選人得票過半數，因此又舉行了一場決選投票，這次的候選人只剩前外交部長阿布杜拉與前財政部長甘尼兩人，前者曾是昔日與塔利班政權抗戰的北方聯盟的一員，後者過去在世界銀行等機構工作，走的是國際路線。

這是一場十分重要的選舉，因為阿富汗人選出的新領導者將帶領國家走向自立。然而此時塔利班又出來宣稱：「這兩個候選人都是支持美國占領阿富汗的人。美國即使落敗逃跑了，依舊打算利用選舉來製造傀儡總統。」並威脅民眾不准投票，過程中甚至造成了人員死傷。願意出面投票的國民，明明都是「為了讓國家變得更美好」的，看來阿富汗今後的復興之路仍是未定之天。

過去，伊拉克在美軍撤退後就陷入了**內戰狀態**★，但願這樣的悲劇別在阿富汗重演……。

★伊拉克內戰　二〇一四年六月十日，活動區域跨伊拉克、敘利亞兩國的伊斯蘭遜尼教派極端組織「ISIS」，打著推翻馬里奇政權的旗號，利用暴力與恐懼擴大其控制區域。原本「激進份子對抗伊拉克政府」的紛爭結構，逐漸被置換成「遜尼派對抗什葉派」的宗教對立，並發展成正式的內戰。伊拉克政府向美國請求支援，什葉派的伊朗也開始援助伊拉克，從種種跡象來看，伊拉克內戰已逐漸成為另一個讓世界對立的火種。

重點在此！

✸ 美軍將全數退出阿富汗。

✸ 新的總統是否能領導阿富汗走向穩定之路？

向池上彰學習如何取得中東各國情報

印象中，大家可能會覺得在日本很少聽到中東、阿拉伯的消息。

於此順便告訴大家，我個人是「中東調查會」的會員，從該機構取得中東和阿拉伯各國的情報。

「中東調查會」是日本的公益財團法人智庫，只要繳交一萬日圓的年會費，任何人都能成為會員，該機構會寄自己出版的雜誌《中東研究》給每位會員。

日本新聞很少提及中東地區，但透過《中東研究》就能直接以日文閱讀到中東地區的報導，十分具有參考價值。

中東調查會歷史頗悠久，始於昭和30年（1955），那時日本與中東的關係還十分疏遠。

當時，雖然日本石油公司「阿拉伯石油（Arabian Oil Company）」開始在中東開發油田，但日本大部分的進口石油仍然是仰賴國際大型石油公司，所以那時石油問題對日本而言，距離還十分遙遠。

邁入高度經濟成長期後，日本的出口雖急速增加，但石油問題似乎仍只是少數企業內部的問題而已。

當時中東調查會的的理事長土田豐先生，曾擔任日本駐埃及大使，切身體驗過納瑟主義（Nasserism）的高漲，因而指出中東民族主義在國際政治上將會變得愈來愈重要，致力於加強對此的研究、調查。

爾後，中東經歷四次以阿戰爭，以色列和阿拉伯的衝突來到最高峰，「中東問題研究會」（日本民間外交推進協會定期舉辦的，關於中東問題的研討會）才開始在日本社會中得到廣泛認識。

如今，媒體提及「中東問題研究會」的頻率也大幅提升，但聽過「中東調查會」的一般民眾，可能還只是少數。

此外，我還有訂閱「美國外交關係協會」（Council on Foreign Relations）出版的外交國際政治專門季刊《外交事務》（暫譯，Foreign Affairs）。日本有發行日文版，而且內容經常提到中東問題。

《外交事務》中有過不少響噹噹的大人物投稿，過去還曾刊載過富蘭克林・羅斯福、亨利・季辛吉、彼得・杜拉克和歐巴馬總統的論文。2006年，其被選為「最具影響力的媒體」第一名。訂閱日文版一年（12冊）的費用是2萬4000日圓（約台幣7000元）。

外交國際政治的專門雜誌，聽起來好像很艱深，但實際上文章寫得平易近人，因此我十分推薦這本雜誌。

遙遠國家的新聞，其實跟我們息息相關，中東的動向又尤為重要。

第 5 章

與伊斯蘭世界打交道

無論在地緣政治或貿易合作上，伊斯蘭世界將是日本的重要來往對象——

拍攝：路透社／Aflo

豬流感引發宗教對立

穆斯林不吃豬肉是出了名的，也曾禁止日本企業使用豬的酵素製造食品。他們到底為何如此討厭豬？

伊斯蘭教禁食豬肉，但為何不是牛、羊等其他動物，偏偏是豬呢？

《可蘭經》中記載著下列這一段經文：

「他只禁戒你們吃自死物、血液、豬肉，以及誦非真主之名而宰的動物；凡為勢所迫，非出自願，且不過份之人，雖吃禁物，毫無罪過。」（出自《可蘭經》第二章）

關於只禁食豬肉的原因，至今仍是個謎，但有人推測這是因為在穆罕默德時代，阿拉伯半島正流行豬的傳染病，吃豬肉有罹患疾病的疑慮。

雖然伊斯蘭國家禁食豬肉，但二〇〇一年在伊斯蘭教徒眾多的印尼，「味之素★」還是因為於製造過程中，使用了萃取自豬肉的酵素而引發問題。

★味之素　二〇〇〇年，印尼的伊斯蘭學者組織指出，日本大型食品公司「味之素」的印尼當地法人「印尼味之素公司（P.T. Ajinomoto Indonesia）」，在生產鮮味調味料的過程中，使用了抽取自豬隻的酵素。印尼有九成國民是伊斯蘭教徒，因此印尼方面認為，味之素的最終製品本身雖然不含豬肉成份，但「只要製造過程中使用了豬的成份就足以構成問題」。後來，因印尼味之素公司未回收其產品，以至於發展成工廠被迫關閉，包含日本人在內的八名幹部遭到逮捕的重大事件。

不只豬肉，所有以豬為原料的製品，在伊斯蘭教國家中都是被禁止的。

為何不能喝酒？

綜前所述，一個國家裡如果住著信仰不同宗教的民族，就有可能因為豬而產生對立。

二〇〇九年，墨西哥和美國爆發「豬流感」，並蔓延至世界各地。後來因為「豬流感」這個命名不太合適[1]，而改稱為「新型流感」。

因為流感與豬有關，疫情爆發後，伊斯蘭國家的人便想說：「看吧，神的曉諭果然是對的。」是時，埃及政府雖然沒有接獲任何新型流感的感染病例，還是決定要銷毀國內的所有豬隻。

埃及境內住著許多科普特基督徒。政府銷毀豬隻的決定，引發了伊斯蘭教徒和科普特基督徒之間的爭執。

科普特基督徒信奉的科普特正教，是基督教的其中一個支派，對他們來說食用豬肉並非禁忌。穆斯林（伊斯蘭教徒）不可能飼養豬隻，所以埃及的養豬業都由科普特基督徒經營。

部分科普特基督徒批判，政府撲殺所有豬隻的這項決定，是硬把伊斯蘭

★飲食禁忌　除了豬以外，穆斯林也禁止食用肉食性動物、爬蟲類、昆蟲類，以及水陸兩棲性的青蛙、烏龜、螃蟹等生物。酒精飲料、添加酒精成分的醬油和味噌也被視為禁忌。

1 譯注：因為人也會感染「豬流感」，傳染客體並不僅限於豬。

教的教義加諸非伊斯蘭教徒身上，等於是一種宗教性歧視行為。

埃及政府的此番作為，也可視作：對少數從事養豬業的科普特基督徒的「宗教霸凌」。

另外，很多人都知道伊斯蘭教也「禁止飲酒」，關於禁酒的理由《可蘭經》上是這麼寫的：

「因為飲酒阻礙你們紀念真主和謹守拜功。」（出自《可蘭經》第五章）

意思是說，人一喝酒，就會把神拋諸腦後、忘記禱告，因為如此，必須禁止飲酒。

重點在此！

✷除了豬肉本身，也禁止食用以豬為原料的食品。

✷豬流感造成埃及伊斯蘭教徒與科普特基督徒間的對立。

禁食豬肉的伊斯蘭教

2009年全球爆發「豬流感」

這種病毒毒性較禽流感（H5N1）弱，被命名為「新型流感」

埃及決定撲殺所有豬隻

明明並沒有豬隻受到感染的相關報告……

從事養豬業的科普特基督徒抗議埃及政府的這項舉措，根本是「宗教鎮壓」

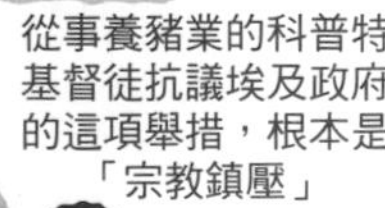

伊斯蘭教徒的女性服裝「布卡」在法國被禁

《可蘭經》中也禁止「偶像崇拜」。在日本，不但有哆啦A夢、神奇寶貝等卡通角色，還存在著熊本熊等在地吉祥物，這些也算是偶像嗎？

《可蘭經》中提到：「你們應當遠離偶像。」

這句話，指的是信徒不得製造並敬拜神像。之所以這麼說，或許是因為他們認為神是偉大無邊的，我們凡人不該擅自想像神是什麼模樣。

猶太教同樣也禁止偶像崇拜，但基督教徒會敬拜耶穌基督像和聖母瑪利亞像，佛教徒會崇拜佛像；伊斯蘭教這點和基督教、佛教十分不同。

但「偶像」的定義界線究竟在哪裡？

比方說，買日本的「在地吉祥物[3]」、「神奇寶貝★[4]」的玩偶送給伊斯蘭教徒，會不會觸犯他們的禁忌？

的確有些伊斯蘭教徒會將這類玩偶視作「偶像」，但在戒律較鬆的地區，例如伊朗等國，就常常能見到「哆啦A夢」。基本上，什葉派的戒律都

★神奇寶貝被禁播 二〇〇一年，因為阿拉伯聯合大公國將神奇寶貝解釋為「禁忌」（Haram），所以杜拜禁播了神奇寶貝的卡通，其周邊商品也從商店下架。沙烏地阿拉伯也和杜拜採取了相同的措施，使得伊斯蘭各國掀起了一陣關於神奇寶貝禁與不禁的論戰。

較寬鬆，此外，日本的卡通人物在遜尼派的孟加拉也非常受歡迎。

在阿拉伯半島上，伊斯蘭教的戒律十分嚴格，但愈往東邊則愈鬆。戒律較寬鬆的伊朗屬於亞洲的一部分，而伊斯蘭教在更東邊的印尼一帶時，會再變得更寬鬆。

禁止偶像以至於連電影、電視都不能看

然而，某些極端嚴格地解讀伊斯蘭教的國家和人，會禁止教徒看電影和電視，理由是這些媒體會「播映出人類的偶像」。

統治阿富汗的塔利班就貫徹了這樣的想法，連在身分證上貼照片都不行。但這麼做會產生無法辨識是不是本人的問題，所以最後塔利班還是放寬規定，允許人們在身分證上貼照片。

除了偶像崇拜的問題，伊斯蘭教還規定，女性不能讓家人以外的男性看到自己的長相和身體。這麼做的理由是為了保護女性，預防男性看到女性後心生歹念。

只不過，就算在伊斯蘭世界中，對於遮掩程度的規定也會因國家和地區而產生極大的不同。

---

2 在地吉祥物（ゆるキャラ）：以地方特色為藍本創造出的虛構角色，作為行銷該地時的代言人。

3 神奇寶貝（Pocket Monsters）：官方已於二〇一六年將中文譯名改為「精靈寶可夢」，在此沿用舊名。

「阿拜亞[4]」（Abaya）、「尼卡布[5]」（Niqab）等不同的伊斯蘭女性服裝名稱，是根據身體的遮掩面積不同來區別。當塔利班掌握政權時，女性在阿富汗必須穿著從頭覆蓋到腳、名為「布卡（Burqa）」的罩衫，只有眼睛部分的布料呈網狀，從衣服外甚至看不到本人的眼睛。

反觀馬來西亞，該國的女性則是只須以名為「圖頓（Tudung）」的頭巾包覆頭髮即可。

許多伊斯蘭教徒即使移居他國，仍保有自己的信仰，他們會儘量在生活上遵守伊斯蘭教的戒律。

然而，有時也會因不同的國情而產生問題。法國在二〇〇四年頒布在公立學校「禁止穿戴希賈布（Hijab）★」的法令，就是其中一例。

在法國，穆斯林學生如果包著頭巾上學，就無法進入校園，除非將頭巾摘下。後來，連在公共場所也禁止穿戴布卡了。

★禁止穿戴希賈布　希賈布是一種女性穆斯林用來罩住頭髮的罩紗，布卡則是一種從頭頂將臉部整個遮蓋住的服裝。現在歐洲逐漸開始禁止人們穿戴這類服飾。法國在二〇一〇年，以「防止有人將爆裂物藏匿在服裝下」為由，禁止人民在公共場合穿戴這類服飾。二〇一一年，比利時也訂定了相同的法令。就連在此之前對伊斯蘭教徒多所尊重，甚至允許以穿戴希賈布的相片作為護照照片的俄羅斯，也開始禁止在校內穿戴希賈布了。

4 阿拜亞（Abaya）：長袍遮蓋女性的手、腳、身體，臉部則可遮也可不遮。

5 尼卡布（Niqab）：在阿拜亞長袍上加頭罩與面紗，臉部只露出眼睛。

重點在此！

✸在中東的伊斯蘭圈中，神奇寶貝被當作偶像崇拜而被禁。

✸歐洲、俄羅斯的校園漸漸開始禁止伊斯蘭的服裝。

歐洲與伊斯蘭教徒產生的摩擦

與定居法國的伊斯蘭教徒產生的摩擦

當時的總統沙柯吉（Nicolas Sarkozy）

主張2009年以後
「法國不接受布卡」

2010年提出法案

同年9月，布卡禁止法案成立
＝
2011年4月開始實施

其他歐洲國
家也逐漸跟進
歐洲與伊斯蘭教徒
之間的對立情勢
更嚴重！？

穿戴尼卡布的女性。「尼卡布」是指除了眼睛以外，將臉和頭髮完全遮蓋住的服飾。「布卡」則是指遮蓋全身的服飾。

拍攝：AP／Aflo

關心伊斯蘭教徒的飲食。了解何謂「清真（Halal）」

全球信仰伊斯蘭教的人口約有十五億。大約自三年前起，他們的所得增加，購買慾旺盛。日本企業開始競相投入這塊龐大的市場。

《可蘭經》中有明文規定穆斯林不能吃哪些東西★（參照第5章01頁★註解「飲食禁忌」），並將被禁止的事物稱為「哈拉姆（Haram）」，合乎教法的事物則稱為「清真（Halal）」。

全球的伊斯蘭教徒人數超過十五億，將近全球人口的四分之一。最近，在日本有愈來愈多來自馬來西亞等國的伊斯蘭觀光客，此外，日本企業在將食品積極外銷的策略上，也注意到了海外的「清真市場★」。「清真」一詞在阿拉伯語中的原意是「得到允許的」、「合法的」，因此，用來指稱製造過程中未使用豬肉、酒精等伊斯蘭教禁物的食品。嚴格來說，清真食品連屠宰方式也有其規範，以雞肉為例，屠宰時必須一邊誦詠「Allahu akbar（真主至

★清真市場　以人口持續增加的伊斯蘭教徒為市場，將伊斯蘭教的戒律、禁忌加以規格化、商品化的一種商業動向。除了在餐廳、超市中販賣清真食品外，還有些店家為了不能在他人面前全身裸露的穆斯林，將露天溫泉改成須穿著泳衣下水，或建造伊斯蘭教的禮拜堂。日本新橫濱拉麵博物館等觀光設施，則是開始提供不添加豬肉或酒精的料理。

大）」一邊切斷雞的頸動脈，並用比較不會對動物產生負擔的方式放血，否則伊斯蘭教徒不得食用。

因為清真食品的規範，阿拉伯人向澳洲等國進口他們最常食用的羊肉時，是以整隻活生生的狀態進口。

除此之外，處理清真食品時，他們也不能用切過豬肉的菜刀。即使要消毒，也不能使用同樣是禁忌的酒精，因此以氯作為消毒劑。

其實也有「徒具其名的伊斯蘭教徒」？

上述這些審核都過關了，才能通過清真驗證★，獲得「清真標記」。每個國家都有自己的認證機構，在日本是由在地非營利組織「日本清真協會（Japan Halal Association）」進行認證。

近來，日本餐廳的招牌上開始出現清真標記。此外，東京都內的超市，也開始設置「清真食品區」，以服務長期居住在日本的伊斯蘭教徒。

在埃及、土耳其等國家，因為住著信仰不同宗教的民族，因此經常能看到清真標記。

反之，若是到沙烏地阿拉伯，就不可能看見貼有清真標記的食品。因為沙烏地阿拉伯國內都是虔誠的伊斯蘭教徒，所有食品都必須是清真食品，無須特別標註。

★清真驗證　對食品的原料、製造程序、製品品質等進行審查，只有檢驗結果符合伊斯蘭教法的商品，才能得到清真驗證的標記。（編注：台灣也有推行清真驗證的「台灣清真產業品質保證推廣協會」（Taiwan Halal Integrity Development Association））

附帶一提，在沙烏地阿拉伯，連「味醂[6]」都不能使用。如果你將味醂帶去沙烏地阿拉伯，就會在他們的海關被沒收。

可是，穆斯林遊客赴日旅行時，如果堅持「不能吃味醂」的話，就會變成幾乎所有的日本料理都不能吃了。不過，「在不知情的情況下吃到」這樣的「藉口」，是戒律允許的。

前面也曾介紹過《可蘭經》的這段經文：

「凡為勢所迫，非出自願，且不過份之人，雖吃禁物，毫無罪過。」

（出自《可蘭經》第二章）

換言之，就是「只要在能力範圍內做到即可」。事實上，伊斯蘭教徒中也存在著嗜酒之人。

因為，阿拉「是寬恕的，是至慈的」。

6 味醂（みりん）：以甜糯米加麴釀成，來自日本的調味料，含有酒精。

重點在此！

✸ 隨著穆斯林人口增加，伊斯蘭國家形成一個龐大的市場。

✸ 《可蘭經》中也有寫道：「只要在能力範圍內做到即可。」

清真市場不容忽視！

清真（Halal）

指符合伊斯蘭
教法的合法性食品

哈拉姆（Haram）

指不符合伊斯蘭
教法的非法性食品。
又稱為「非清真」。

日本清真協會

http://www.jhalal.com/halal

日本現在愈來愈重視如何因應伊斯蘭教的「哈拉姆」。讀者可以在這個網頁中，得到關於「清真」的基本資訊。

適合伊斯蘭教徒的肉製品。2010年開始在義大利販售。　　拍攝：路透社／Aflo

伊斯蘭金融將成為世界經濟新台柱？何謂伊斯蘭金融？

伊斯蘭教禁止無實物商品，而只有金錢借貸的金融交易。近年來，這樣的伊斯蘭金融愈來愈受到矚目。

二〇〇一年美國911恐怖攻擊事件發生時，喬治・W・布希總統（當時）脫口說出：「這是一場反恐十字軍戰爭。」招致諸多批評。

伊斯蘭世界對美國的態度也因此而轉變。他們開始抱持危機意識，擔心若是把錢投資在美國，資金會不會有一天突然被凍結。

過去，沙烏地阿拉伯、阿拉伯聯合大公國等國的油元★，都是存在歐美的金融機構中，交給銀行管理規劃。911事件後，他們開始擔心，會不會哪天銀行突然找碴，懷疑裡頭有恐怖組織的資金，凍結他們的戶頭。

因為這些因素，自二〇〇一年起，原本自伊斯蘭國家流入美國的油元開始逆流。

★油元（Petrodollar）　石油危機後，因為能以高價輸出石油，而有大量的美元流入石油輸出國家。油元在全球金融市場中，有龐大的影響力。

對他們而言，石油是「阿拉賜予的禮物」，總有一天會用罄，所以他們必須用油元為後代投資理財，累積財富。

再者，由於美國布希政權向阿富汗、伊拉克發動攻擊，使得伊斯蘭世界愈趨保守。愈來愈多人認為「必須忠實實踐伊斯蘭教義」，因此在金融方面，也有人開始主張，應該透過一套遵循伊斯蘭教法所設計的方式來進行金融交易。

這種遵循伊斯蘭教法的金融交易，就是「**伊斯蘭金融★**」。

將被禁止的利息改成手續費

《可蘭經》中也有關於金融方面的記述。

「真主准許買賣，而禁止收取利息。奉到主的教訓後，就遵守禁令不再收取利息者，得既往不咎，他們的事歸真主判決。再犯者，將墮入地獄之火中，永遠不得脫身。」（出自《可蘭經》第二章）

雖說如此，但銀行要是都不給利息的話，恐怕就不會有人願意存錢，金融業也無法成立。

這時，他們想出的解決之道，就是採取「買賣」的形式。如果是商業上的「手續費」，就合乎伊斯蘭教法了。

★**伊斯蘭金融**（式的投資方式）
伊斯蘭金融中，雖然不能有金錢的借貸，但卻准許股票投資，因為這是屬於股票的「買賣」。只不過，投資哪一家公司，則必須遵守伊斯蘭教的教義。比方說，《可蘭經》中有說「禁止食用豬肉」，所以不能買進販賣有豬肉食品的公司的股票。《可蘭經》又說「禁止飲酒」，所以販賣酒精飲料的公司，以及提供豬肉餐點或酒類的旅館、航空公司的股票，也都是禁止交易的對象。

舉例來說，假設A先生想買車，以一般的金融體制來說，是銀行將買車的錢貸款給A先生，A先生購入車後，再將本金連同利息還給銀行。

而伊斯蘭金融所採取的形式則是，銀行先付錢向汽車公司購入車輛，再把買來的車加上手續費賣給A先生。這麼一來，就不存在金錢的借貸關係，而變成是銀行和A一起進行投資。

在伊斯蘭金融中，商品實物一定要隨著交易移動，所以不可能發生「以錢生錢」的事，這可說是「金融最原初的面貌」。

像賭博般的「投機性金融」讓全球經濟動盪不安，說不定今後的世界經濟會透過對過去的反省，而朝伊斯蘭金融的方向發展。

也許有一天「伊斯蘭金融」這個新體制，真的會改變世界。

重點在此！

✷ 911恐攻事件後，油元開始逆流。

✷ 伊斯蘭金融有可能改變世界。

伊斯蘭金融中沒有利息的概念

伊斯蘭的特色 1 沒有利息的概念

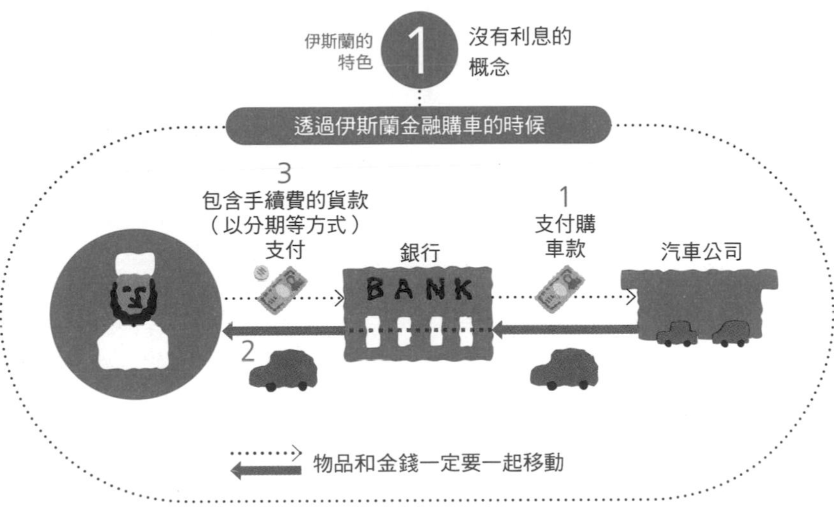

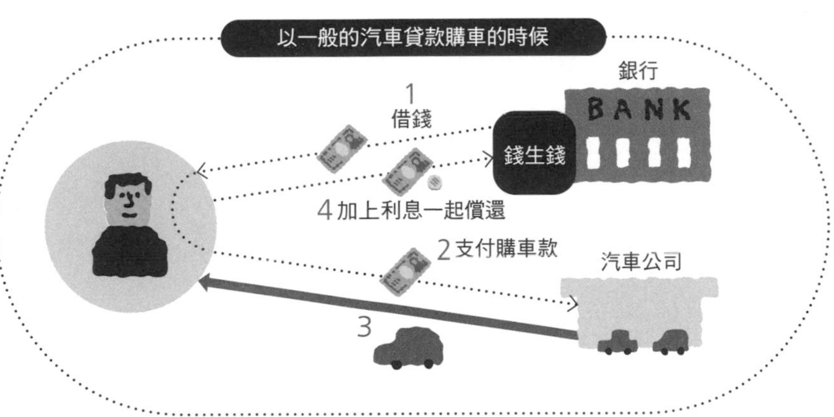

伊斯蘭金融的特色 2

金融交易的對象，不能是違反沙里亞（伊斯蘭教法／Sharia Law）的事業。

禁止投資與賭博、豬肉、酒精（酒類）等等相關的行業。

世界最大產油國為何想蓋核能發電廠？

中東各國因產油而成為經濟強權。為何有個石油大國想要蓋核能發電廠？背後隱藏著權力制衡上的問題。

阿拉伯各國握有的「武器」就是石油。

在歐洲文藝復興以前，伊斯蘭世界的璀璨文明一直都遙遙領先於歐洲。對當時的伊斯蘭圈來說，歐洲只是一個落後的世界。

然而，十六世紀後，伊斯蘭世界的發展停滯不前，歐洲與伊斯蘭圈雙方的勢力開始逆轉。

雙方勢力逆轉後，變成基督教圈開始蠶食伊斯蘭圈。自此之後，伊斯蘭圈便長期在歐洲面前抬不起頭來。

對伊斯蘭圈而言，近代發現於阿拉伯的油田，無疑是讓他們實現願望的「阿拉丁神燈」。

但發現油田的結果，卻是讓七間國際大型石油公司幾乎控制了產於阿拉伯世界的全部原油（參照84頁）。

後來，阿拉伯各國為了推翻這種局勢，成立了**OAPEC**★（阿拉伯石油輸出國家組織／Organization of the Arab Petroleum Exporting Countries）。

興建核電廠是對抗伊朗的政策？

阿拉伯國家在以阿戰爭中連戰連敗，在軍事上確實比較落後，但他們至少手上還有石油。他們化石油為武器，決定「今後只要哪個國家站在以色列那邊，我們就不把石油賣給他」，對親以色列國家採取了不輸出石油的措施。至於不挺阿拉伯的國家，他們則發出了漲價通告。

因為這些原因，輸出至日本的石油也因而漲價，於是引發了第一次石油危機。

然而，沙烏地阿拉伯雖然是全球數一數二的產油國，卻預定在二〇三二年之前興建十六座核能發電廠。就在能以石油制裁他國的情況下，握有的資源足以撼動世界的產油國，竟然宣布要興建核能發電廠，當然令人感到驚訝。

沙烏地阿拉伯宣稱，國內人口還在不斷增加，如果有一天石油耗盡了，國家就會遭遇困難，因此需要核能發電。

★**OAPEC** 早期，原油管理權全都掌握在歐美的「國際大型石油公司」（The International Majors，又稱The Seven Sisters／七姊妹）手中，其中包括石油價格決定權，因此產油國無法自己決定價格。對此，伊朗、伊拉克、科威特、沙烏地阿拉伯、委瑞內拉率先在一九六〇年成立「OPEC（Organization of the Petroleum Exporting Countries／石油輸出國家組織）」（之後又有八個國家加入，目前加彭退出後，剩下十二國）。一九六八年，「反以色列」的沙烏地阿拉伯、科威特、利比亞三國，以OPEC的成員國在第三次以阿戰爭中皆未團結一致地「反以色列」為由，而設立了「OAPEC」。「OAPEC」的原油生產量約占全球的三分之一。

表面上宣稱興建核電廠的理由是「石油總有一天會枯竭」，但事實上，他們是在擔心自己的宿敵伊朗可能正在開發核武，而且說不定已經擁有核武了。要與伊朗對抗，就必須保持在隨時都能製造核武的狀態，而要製造核武，就需要鈽。

沙烏地阿拉伯認為，只要興建核能發電廠，大概就能從使用後的核廢料中取出鈽。

伊朗總統魯哈尼（Hassan Rouhani）說過他們要「**暫停發展濃縮鈾的提煉**★」，但沒有說要「停止」。因為，伊朗宣稱他們提煉濃縮鈾，自始至終都是為了用在和平之道，所以這次也只是「暫停發展會令他國起疑的濃縮鈾的提煉」。

看來，沙烏地阿拉伯相當不信任伊朗呢。

★**濃縮鈾的提煉**　伊朗曾被懷疑可能在開發核武。當初，伊朗宣布他們「已開始進行使用在核能發電廠燃料上的濃縮鈾的提煉」。用於核能發電核分裂所需的濃縮鈾，濃度約為8％，但後來伊朗又宣布「將會把濃度提高至20％，以生產醫療用同位素」。一旦鈾的濃度達到20％，就能輕而易舉地提煉出核武所需的90％的濃縮鈾。

重點在此！

✸ **OAPEC的設立成了石油危機的導火線。**

✸ **伊朗的魯哈尼宣布「暫停發展濃縮鈾的提煉」。**

為了核武興建核電廠？

擁有核武的國家
美國
俄羅斯
英國
法國
中國
事實上，與聯合國的「常任理事國」完全一致。

一般認為擁有核武的國家
以色列
印度
巴基斯坦
北韓
希望大家有留意到，這些擁有核武的國家，
都是位在被認為是世界紛爭火藥庫的區域。

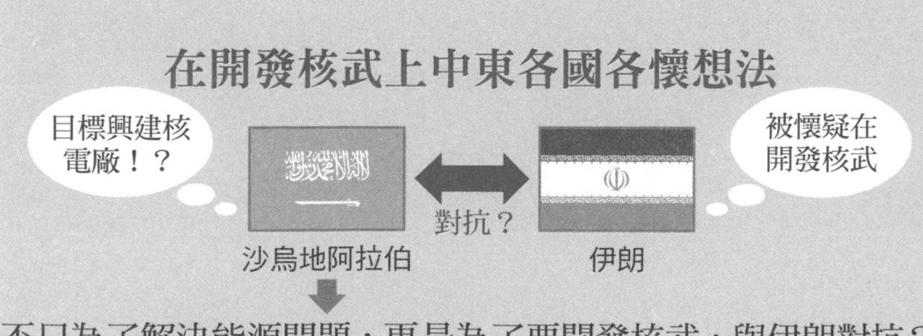
在開發核武上中東各國各懷想法
目標興建核電廠！？
被懷疑在開發核武
對抗？
沙烏地阿拉伯
伊朗
不只為了解決能源問題，更是為了要開發核武，與伊朗對抗？

頁岩油氣革命連動之下，日俄北方四島主權問題有望解決？

老愛插手中東問題的美國，如今搖身一變成為資源大國，不再仰賴大量進口使世界能源局勢產生劇變！

★頁岩油氣革命　約在地底兩千公尺深的頁岩層中，分布著天然氣。其實，過去人們早就知道此處儲藏著天然氣，只是一直苦於沒有好的方法能將其取出。二〇〇〇年前後，終於開發出取出天然氣的採掘方式。存在於頁岩層中的不單是天然氣，還有石油，開採兩者的新技術促成了「頁岩油氣革命」。

過去，美國一直是全球進口能源的最大國，但頁岩油氣革命的發生，讓美國的天然氣蘊藏量一口氣超越俄羅斯，成為全球第一。據說，二十一世紀所需的能源，美國都可以靠開採國內的資源自給自足。

另一方面，二〇一一年，311東日本大地震發生後，日本全面停止核能發電，不得不仰賴火力發電。就在此時，中東國家卡達及時伸出援手，向日本提出：「我們可以把天然氣便宜賣給你們。」日本便歡歡喜喜地購入了，但這些其實是原本準備賣給美國，卻被美國取消訂單的天然氣。

過去美國老愛插手處理中東問題，可是一旦能源能自給自足後，就馬上對中東失去了興趣。

中東失去了美國這個大客戶，自然必須找尋新的買主。這時，他們看上的是歐洲這塊市場。過去，歐洲是向俄羅斯購買比較便宜的天然氣，並透過行經烏克蘭的管線輸送網，將天然氣送至歐洲各地，但俄羅斯與烏克蘭的關係惡化，造成能源的供給出現困難。這時，中東就向歐洲推銷道：「我們可以便宜賣你們。」歐洲當然喜出望外。

但這麼一來，就變成俄羅斯要傷腦筋了。既然不能往西賣，那麼，就往東賣？於是，日本首相安倍晉三開始與俄羅斯總統佛拉基米爾・蒲亭（Vladimir Putin）頻繁會面。蒲亭總統想把天然氣賣給日本，再不然就是透過日本的協助，開採沉睡在西伯利亞的天然氣。過去，日俄兩國的關係一直因北方四島的主權問題[8]，遲遲無法改善，但如今，這項能源交易推動兩國朝著解決問題的方向前進。順帶一提，俄羅斯和中國簽定契約，將大量的天然氣賣給中國，但據說被中國狠狠殺價。不擅於殺價的日本，或許只要說「給我們跟中國一樣的價格」就好了！

8 日俄北方四島的主權問題：「北方四島」為千島群島中的四個島：國後（Kunashir）、擇捉（Iturup）、齒舞（Habomai Islands）、色丹（Shikotan）。日俄兩國都曾擁有四個島嶼的所有權，但二次世界大戰後，「北方四島」在實質上歸屬俄國，日本則持續主張其擁有「北方四島」的主權。

★俄羅斯與烏克蘭的關係惡化
挺俄羅斯的烏克蘭政權垮台，親歐盟（歐洲聯盟）的新政權誕生，俄羅斯對此強烈反彈，於是派遣武裝部隊進入屬於烏克蘭領土的克里米亞半島，在此舉行「公民投票」後，決定自烏克蘭「獨立」，不光如此，還決定要加入俄羅斯。自此，俄羅斯與烏克蘭、歐美的關係開始惡化。

重點在此！

✸頁岩油氣革命使美國對中東失去興趣。

✸日本與俄羅斯之間的北方四島主權問題，也許可望解決。

伊朗與美國將冰釋前嫌？今後中東進步的關鍵在伊朗

伊朗總統從強硬的阿瑪丁雅換成了溫和派的魯哈尼後，和美國的關係逐漸改善。今後，經濟可望向上成長……。

反美的伊朗與親美的沙烏地阿拉伯是敵對關係。兩國雖然都是伊斯蘭教國家，但信奉的教派不同；伊朗是什葉派的代表國，沙烏地阿拉伯則是遜尼派國家。

中東地區的情況是：伊朗支持什葉派的人士，沙烏地阿拉伯則帶頭援助遜尼派。

伊朗支持的是黎巴嫩的真主黨，和敘利亞的巴夏爾政權。見到巴夏爾政府得到了伊朗的支持，沙烏地阿拉伯便開始幫助反政府的一方。因為如此，敘利亞的內戰已變成像是一場代替伊朗和沙烏地阿拉伯而打的戰爭。

但現在「美國和伊朗★」的天敵關係出現化解的曙光。美國總統巴拉克・

★美國與伊朗　一九七九年發生的伊朗伊斯蘭革命，使得伊朗與美國決裂。革命前統治伊朗的巴勒維國王逃亡美國，接著，伊朗以何梅尼為最高領袖，建立起一個伊斯蘭特有的民主主義體制。當時在中東，伊朗是唯一一個拒絕依附美國的國家，這也可說是伊朗之所以遭到美國敵視的原因。伊朗以外的中東各國，雖然憎惡以色列，但基本上國家的統治階層都透過附庸於美國，來維持他們的長期獨裁體制。

歐巴馬（Barack Obama）在二〇一三年九月，與哈桑‧魯哈尼總統進行了電話會談。此舉是自一九七九年伊朗革命發生到現在，兩國總統首次直接往來，因此備受全球關注。

美國和伊朗兩國因發生在伊朗的美國外交官人質危機，而於一九八〇年斷交，此後，伊朗便仇視與美國關係友好的以色列。為了對抗以色列的核武，伊朗開始發展濃縮鈾的提煉，因為這項技術可轉用於製作核武。

明明與美國為敵，也仇視親美的以色列，但魯哈尼總統卻表示，願意暫停提煉濃縮鈾，並接受IAEA★（聯合國原子監察機構國際原子能總署／International Atomic Energy Agency）的查核。

伊朗人的國民性帶有亞洲味

魯哈尼總統的這項協議，使歐巴馬總統開始認真朝著與伊朗改善關係的方向努力。對於原本就親美的沙烏地阿拉伯而言，這件事當然非常掃興。

沙烏地阿拉伯獲選為「聯合國安全理事會」的非常任理事國，卻拒絕出任。此舉明顯是衝著美國而來的。

如果問我：伊朗和沙烏地阿拉伯，今後哪個國家比較有發展？我個人覺得是伊朗。

舉例來說：走一趟日本協助開發的地區，會發現阿拉伯各國會讓日本

★IAEA 組織的成立理念是「將核能用於和平之道」，就是將核能用於發電等需求，並努力防止被用在核武等軍事用途。IAEA是隸屬聯合國的常設組織。二〇一一年，IAEA向聯合國提出的報告中指出「伊朗很有可能正在開發核武」，美國因此發動經濟制裁，拒絕向伊朗進口石油。

包辦所有協助開發的工作內容，一副「你們愛怎麼做就儘量去做吧」的模樣，但伊朗的態度可就不同，不管日本想要建設什麼或製造什麼，他們會說：「請等一下，讓我們先試試看。如果我們做不好的話，再請你們指導我們。」他們擁有的是「自己動手做」的意願。在這一點上，伊朗與其他阿拉伯各國明顯不同。

因為伊朗國民是屬於「波斯民族」，從歷史上來看，他們生活的地方被其他民族團團包圍，不得不以波斯人的身分在夾縫中求生存，因此有著高於周圍各國的危機意識。

我在阿拉伯各國，從沒見過有人閱讀《可蘭經》以外的書籍，但伊朗人除了《可蘭經》也會讀其他的書。

過去，伊朗受到美國的經濟制裁，使得經濟難以向上發展，但一旦兩國的關係改善，伊朗的未來發展就十分值得期待。

重點在此！

✸ 美國的歐巴馬總統正積極改善與伊朗的關係。

✸ 伊朗的伊斯蘭教徒除了《可蘭經》也會閱讀其他書籍。

伊朗和美國將閃電和解！？

	伊朗		與美國的關係	美國	
1979年			伊朗發生了挾持美國外交官的人質危機，兩國斷交		
1997年～	哈塔米（Mohammad Khatami）總統（第5代） 改革派		伊朗被稱為「邪惡軸心」，兩國關係因此惡化	布希總統	
2005年～	阿瑪丁雅（Mahmoud Ahmadinejad）總統（第6代） 反美強硬派		有發展核武的嫌疑	歐巴馬總統	
2013年～	魯哈尼總統（第7代） 保守溫和派		電話會談 將凍結核武開發？ 逐漸冰釋前嫌	歐巴馬總統	

敘利亞

內戰狀態

獨裁政權
什葉派

援助

伊朗

什葉派

波斯民族的國家

孤立

遜尼派

處於孤立的環境中，因危機意識而激發出「自己動手做」的意願。

周圍的阿拉伯各國是阿拉伯民族的國家

力圖向歐洲看齊的土耳其近況如何？

土耳其曾是一個伊斯蘭超大國。自從第一次世界大戰結束，失去領土後，便施行大膽的歐化政策，以成為歐洲的一員為目標……。

土耳其共和國在鄂圖曼帝國★時代，是最繁盛的伊斯蘭國家，曾是個超級大國。在十六世紀最盛時期，他們征服了東歐的基督教各國，國力強大。

第一次世界大戰，鄂圖曼帝國成為德國的盟國，最後以戰敗收場，失去了當時大半的國土，而變成現在的土耳其。

有土耳其國父之稱的穆斯塔法・凱末爾・阿塔圖克（Mustafa Kemal Ataturk）對於曾發生在鄂圖曼帝國身上的「因伊斯蘭而造成的落後」感到擔憂，曾說過：「因為我們是伊斯蘭教國家，所以才無法進步。」他認為，鄂圖曼帝國是因為伊斯蘭教才敗給歐洲，走向滅國一途的。

正因如此，土耳其自建國以來，斷然執行了大膽的歐化政策，並實施政教分離。土耳其雖然承認伊斯蘭這個宗教，但為了讓政治脫離伊斯蘭教，而

★鄂圖曼帝國　一二九九年至一九二二年的六百年間，建立在以巴爾幹半島為主的地區，盛極一時的伊斯蘭國家。也稱作「鄂圖曼土耳其」，最近多稱為「鄂圖曼王朝」、「鄂圖曼帝國」（譯注：此為日文直譯稱謂）。不稱作「鄂圖曼土耳其」是因為它並非「土耳其民族的國家」。

以歐洲為範本制定法律並擴大了女性的權利。

土耳其能成為歐洲與中東的橋梁嗎？

令人驚訝的是，他們甚至將土耳其語的字母，從阿拉伯字母改成了拉丁字母[9]。阿拉伯字母是由右至左書寫，和拉丁字母的書寫方向正好相反，這項政策使得國民識字率一口氣掉落至2％，識字教育幾乎是從零開始。另外，他們還禁止女性在公共場所使用頭巾。

這一切都是因為，土耳其無論如何都想推動國家近代化，成為「歐洲的一員」。

然而，土耳其在急遽地轉向親歐美後，情況反轉了。在二〇〇二年選舉中取得政權的政黨，抱持的政治理念是「要修正親歐美的外交方針，加強與阿拉伯各國的關係」。屬於政黨的總理，是熱傑甫・塔伊甫・艾爾段（Recep Tayyip Erdogan）。

當艾爾段政權★持續超過十年後，年輕人們再次爆發不滿。土耳其原本是角逐二〇二〇年舉辦奧運地的大熱門地點，卻發生了反政府示威遊行，顯示了伊斯蘭色彩濃厚的艾爾段政權雖然受到阿拉伯各國的歡迎，但國內對他的不滿卻難以壓抑。

9 譯注：英文字母也是屬於拉丁字母。

★艾爾段政權　土耳其斷然採取歐化政策，不斷朝近代化發展。但二〇〇二年，親伊斯蘭勢力的「正義發展黨（AKP）」掌握政權，當上總理的艾爾段一改過去親歐美的外交方針，轉而加強與阿拉伯各國間的友好關係。二〇一三年五月，土耳其國會以「為了讓青少年能健全成長」為由，通過夜間禁止販賣酒精飲料的法律。結果立刻引起年輕人的反彈，發生反政府的示威遊行。土耳其的伊斯坦堡原本被視為角逐二〇二〇年夏季舉辦奧運的大熱門城市，最後卻敗給了東京，可能就是受到了國內情勢的影響。

雖然國內的不平之聲難以平復，不過土耳其在艾爾段政權的統治下，經濟突飛猛進，再加上位於亞洲和歐洲之間，年輕人口眾多，土耳其擁有豐厚的勞力資本。

在幫助日本打入伊斯蘭社會上，土耳其的地位十分重要。因為，土耳其一方面累積了許多歐洲式的商業知識，一方面又是伊斯蘭教徒的國家，所以比歐美的企業更容易被伊斯蘭圈的國家接納。

所幸，土耳其是非常親日的國家★。土耳其航空的飛機在兩伊戰爭時，救出許多居住在伊朗的日本人，這是則十分有名的佳話。

此外，日本向土耳其出口核能發電時，土耳其也說：「土耳其是地震頻繁的國家，所以用同是地震國的日本所建造的核能發電廠比較安全。」並與日本簽署了核電廠建造協定。

雖然懷抱著自己的課題，但經濟方面仍有所成長的土耳其，現正受到全球的熱烈關注。今後，他們或許能再度繼鄂圖曼帝國之後，再度成就輝煌的「土耳其時代」。

★親日的國家　一八九〇年，鄂圖曼帝國的軍艦艾托魯爾號（frigate Ertugrul），在日本和歌山縣串本町附近的海域發生船難，當地居民全體出動救難，救起了六十九名船員，日本並派出兩艘軍艦護送獲救的船員回土耳其。因為這個事件一直記載在土耳其的教科書上，所以土耳其人對日本十分友好（也可參照左頁圖中的說明）。

重點在此！

✸土耳其在艾爾段政權的統治下，採取輕歐美而重阿拉伯各國的路線。

✸親日的土耳其或許能為日本架起橋梁，打入成長顯著的伊斯蘭國家。

目標成為歐系國家的土耳其

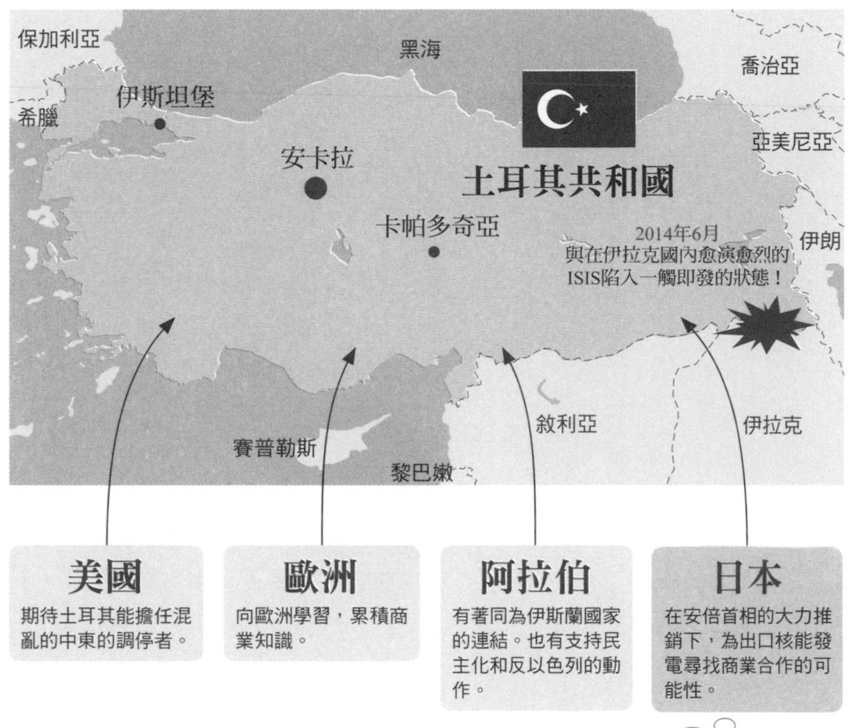

過去

- 艾托魯爾號（frigate Ertugrul）海難事件
（艾托魯爾號在日本當時的紀州串本町附近海域發生船難，船員中有581人罹難，69人在日本官民同心協力的殷切救護下生還，並由日本的巡洋艦護送回土耳其。）
- 1985年3月的兩伊戰爭中，土耳其政府派遣土耳其航空的特別專機，救出受困於德黑蘭的日本人。
- 2011年3月的311東日本大地震，以及2011年10、11月的土耳其東部大地震（凡城地震）時，兩國對彼此伸出援手。

中東現況報導

在中東的日本國際合作機構

長期以來，中東情勢一直動盪不安。
但人民依舊對未來抱持希望，努力地活下去。
來聽聽看投入中東援助工作的JICA（國際協力機構）怎麼說。

「其實有很多穆斯林說：『日本人是最虔誠的伊斯蘭教徒。』之所以這麼講，是因為日本人遵守規矩、維護整潔，又不愛與人起爭執。當然，和穆斯林不同，日本人不忌酒、不忌豬肉，不過這都只是表面上的差異，我覺得，日本人和穆斯林在本質上是相似的。」

上述這話，是在JICA中負責中東地區的田中耕太郎先生告訴我的。這番話令我意外，因為一直以來我都覺得，伊斯蘭世界對日本人而言是最遙遠的存在。當今以色列和巴勒斯坦間的和平之路走得十分艱辛，面對這樣的世局，田中先生說：「要幫助這兩個外交上相互仇視的國家建立起信賴關係，不具政治色彩的日本正是最好的媒介。」

據說，阿拉伯人非常喜歡日本人，沙烏地阿拉伯、波斯灣沿岸等地想要學習日本人的勤奮與禮儀，所以十分流行日式教育。聽說JICA前往阿拉伯國家時，也大受當地人歡迎。

「我們為因應敘利亞內戰而正在做的其中一項工作，就是先幫助周邊國家在內戰長期化下所產生的難民。比方說，約旦人口大約為六百萬，但當中半數是巴勒斯坦難民，現在又湧入了來自敘利亞的難民。我們所做的，是提供一般村落各種幫助，大自教育、保健、財政、水源方面的支援，小至帳篷、毛毯等的救援物資。」

這當中，最日本式的措施，就屬提供給巴勒斯坦女性的母子

在JICA幫助下而普及開來的母子健康手冊。守護著當地許多親子的生命，因此有「生命護照」之稱。

★日式的母子健康手冊　讓母親們為自己和孩子的健康進行管理的手冊。現在，在JICA的協助下，提供給巴勒斯坦難民媽媽的日式母子手冊，已在巴勒斯坦本土，以及約旦、敘利亞、黎巴嫩等地普及開來。JICA的這項技術同時也普及於印尼。在印尼，母子健康手冊是粉紅色，而巴勒斯坦難民的則是水藍色。手冊上印有「JICA」的標記。

★女性走出社會　為了改善難民的生活，JICA指導婦女們製作家庭用洗潔劑，幫助女性投入勞動市場。部分家庭因此在生意上獲利，大幅改善了生活。這種發生在巴勒斯坦女性難民身上的實例，其實隱藏著推動中東圈向上發展的良性循環：女性透過勞動得到經濟上的餘裕，就能將金錢用在孩子的教育費上；孩子們得到教育，自然能提高識字率，進而促成整體社會的進步。

健康手冊。

「現在，巴勒斯坦的人民正為了活動範圍上的嚴格限制所苦。以色列在巴勒斯坦自治區的分界上築起分隔牆，到處都能看到以色列設下的金屬大門等障礙物和臨時查哨站，而且設置的場所每天都在變更，巴勒斯坦人今天去得了的地方，可能明天就去不了了。」

關於嬰兒接種過什麼疫苗，是否罹患過流行性腮腺炎等的病歷，全都會記載在母子健康手冊上，手冊就像是一種「愛的證明」。在活動範圍受限的狀況下，有時人民會去不了「平常去的醫院」，而沒有病歷就無法得知像「這個孩子是不是已罹患過流行性腮腺炎」這樣的問題，因此母子健康手冊在這裡具有特別的意義。

「日式母子健康手冊★被稱為『生命護照』，在守護這些小生命上起了大作用。除此之外，我們還會幫助女性走出社會★，像是教她們如何製作肥皂、香水等日用品。」

雖然現在的中東情勢離和平尚遠，但是當各國的政情穩定下來，經濟開始成長時，這個日本在能源上多所仰賴的中東圈，相信也會點滴回報日本，無論回報的是有形還是無形之物。如今，中東受到全球矚目，今後日本對中東圈的國際援助工作也不容輕忽。

1 JICA（Japan International Cooperation Agency）：日本實施對外政府開發援助的主要機構，成立於二〇〇三年。

加薩走廊的保健中心裡，記載著日本人協助當地的歷史軌跡。

照片提供：
今村健志朗／JICA

池上彰有話要說

目擊中東的「殘酷現狀」後有感而發

全世界找不到第二個像中東一樣紛爭持續了這麼久的地區。日本在中東地區長期保持著政治中立。因此，援助當地時，一定會有能讓日本發揮獨特專長的地方。

二〇一三年底，我再次採訪了敘利亞國界附近、位於約旦的札塔里難民營（Zaatari refugee camp）。

約旦收容了許多來自鄰近國家的難民，儼然成為一個中東和平的轉運站。從敘利亞跨越國界投奔他國的難民，在二〇一四年一月的現在，已超過二百三十萬人。其中，約旦收容了約五十八萬人。

約一年前，我也曾採訪過札塔里難民營。以前這裡僅並排著供人居住用的帳篷，這次前來一看，發現在營地旁邊多了一條有如商店街一般的通道，居民在這裡販賣肉類、蔬菜、生活用品等，改變甚大。

因為不知何時才能回到祖國，那就努力讓現在的生活過得好一點，於是他們為自己打造出可以工作的場所。這是多麼堅韌的意志。對難民的自立來說，這想必是一件十分重要的事。

在札塔里難民營中採訪。難民營中的商店街規模也擴大了。

採訪「阿拉伯之春」推翻格達費獨裁政權後的利比亞。

在約旦的札塔里難民營進行採訪。當地插起了敘利亞反政府軍的軍旗。

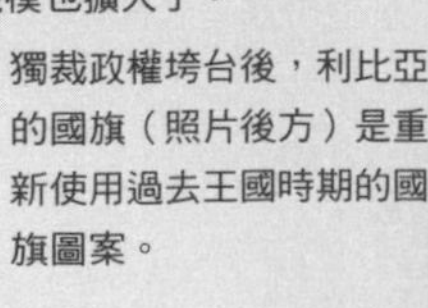

獨裁政權垮台後，利比亞的國旗（照片後方）是重新使用過去王國時期的國旗圖案。

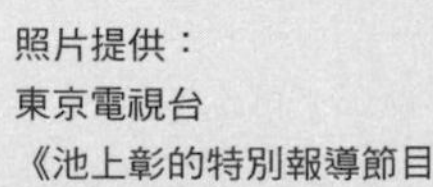

照片提供：
東京電視台
《池上彰的特別報導節目》

另一方面，巴勒斯坦難民營已經存在幾十年，人民在那裡的生活狀況也起了變化。採訪時最令我驚訝的是，難民營內正在發生高齡化現象。罹患高血壓、糖尿病等文明病的患者增加，他們正在面臨與日本相同的問題。

這麼說也許有些諷刺，但日本擁有豐富的高齡醫療經驗，因此大家十分期待能在援助難民時，發揮這個「日本的強項」。

「巴勒斯坦問題」是持續了一世紀以上的民族間的土地之爭。一九九三年。在國際社會的居中協調下，以色列和巴勒斯坦雙方簽署了「奧斯陸協議」，和平之路一度綻放曙光，但簽署至今已過了二十年，現在仍看不見未來的出口，這就是這裡的殘酷現狀。

即使是在這樣的情勢中，我還是獲得了一個機會，和巴勒斯坦、以色列雙方的年輕人圍著一張桌子對談。後來，他們共同得到這樣的結論：「雖然兩邊的意見確實不同，但你們的想法也不是不能理解。」雙方能萌生出這種相互理解的意願，我覺得是一項了不起的進步。促使中東和平的關鍵，就在於建立信賴關係。阿拉伯人和猶太人都不排斥的日本人，一定能在這裡，貢獻只有日本人才出得了的一份心力。

在國際協助的工作上，逐一傾聽當地的需要，是非常重要的一環。我想，這應該是能讓日本人特有的細膩謹慎得到最大程度發揮的領域。

日本人質遭到處決

二〇一五年初，傳來一個令人震驚的新聞。被自稱「伊斯蘭國」的組織俘虜的兩名人質——湯川遙菜先生和後藤健二先生——被處決的影片被公開在網路上。

我和後藤先生已經認識十幾年了，我們曾一起到上面提到的札塔里難民營去採訪過。後藤先生有著豐富的戰爭和衝突地區的採訪經驗，沒想到竟遭遇如此不幸，而我除了錯愕與悲傷外，就只剩下一股什麼也做不了的強烈的無力感。

經過這次事件，或許部分的人會覺得伊斯蘭是一個恐怖的宗教，但大部分的伊斯蘭教徒和自稱「伊斯蘭國」的組織，是完全不同的。

伊斯蘭世界大部分的信徒都愛好和平。我想，這是我們必須理解的部分。因此，我也希望能透過這本書，讓讀者們對這方面有更正確的認識。

國家圖書館出版品預行編目(CIP)資料

圖解伊斯蘭世界 / 池上彰作；李瑷祺譯．── 初版．── 新北市：遠足文化，2016.06 ──（通識課；6）
譯自：池上彰が読む「イスラム」世界
知らないと恥をかく世界の大問題 学べる図解版
ISBN 978-986-93000-4-9(平裝)
1. 伊斯蘭教 2. 中東

735　　105005278

通識課 06

圖解伊斯蘭世界

池上彰が読む「イスラム」世界
知らないと恥をかく世界の大問題　学べる図解版

作者　池上彰
譯者　李瑷祺
總編輯　郭昕詠
責任編輯　黃淑真
編輯　王凱林、徐昉驊、陳柔君、賴虹伶、李宜珊
通路行銷　何冠龍
封面設計　霧室
排版　菩薩蠻數位文化有限公司

社長　郭重興
發行人兼
出版總監　曾大福
出版者　遠足文化事業股份有限公司
地址　231 新北市新店區民權路 108-2 號 9 樓
電話　(02)2218-1417
傳真　(02)2218-1142
電郵　service@bookrep.com.tw
郵撥帳號　19504465
客服專線　0800-221-029
部落格　http://777walkers.blogspot.com/
網址　http://www.bookrep.com.tw
法律顧問　華洋法律事務所　蘇文生律師
印製　成陽印刷股份有限公司
電話　(02)2265-1491

初版一刷　西元 2016 年 6 月
ISBN　978-986-93000-4-9
Printed in Taiwan